TIMOTHY GARTON ASH

NÓS, O POVO

A revolução de 1989 em Varsóvia, Budapeste, Berlim e Praga

Tradução:
TOMÁS ROSA BUENO

COMPANHIA DAS LETRAS

Dados de Catalogação na Publicação (CIP) Internacional
(Câmara Brasileira do Livro, SP, Brasil)

Ash, Timothy Garton.
Nós, o povo : a revolução de 1989 em Varsóvia, Budapeste, Berlim e Praga / Timothy Garton Ash ; tradução Tomás Rosa Bueno. — São Paulo : Companhia das Letras, 1990.

ISBN 85-7164-124-2

1. Alemanha Oriental - Política e governo - 1989 - 2. Hungria - Política e governo - 1989 - 3. Polônia - Política e governo - 1989 - 4. Tchecoslováquia - Política e governo - 1989 - I. Título. II. Título: A revolução de 1989 em Varsóvia, Budapeste, Berlim e Praga.

CDD - 320.9431087
- 320.943704
- 320.943805
90-1299 - 320.943905

Índices para catálogo sistemático:
1. Alemanha Oriental : Política e governo - 1989 - 320.9431087
2. Hungria : Política e governo, 1989 - 320.943905
3. Polônia : Política e governo, 1989 - 320.943805
4. Tchecoslováquia : Política e governo, 1989 - 320.943704

Título original:
We the people
The Revolution of '89 witnessed in
Warsaw, Budapest, Berlin & Prague

Capa e ilustração:
Hélio de Almeida

Revisão:
Marina Tronca
Elvira da Rocha

1990

Editora Schwarcz Ltda.
Rua Tupi, 522
01233 — São Paulo — SP
Fones: (011) 66-4667 e 825-5286
Fax: (011) 826-5523

Para D., T. & A.

Tvá vláda, lide, se k tobě navrátila!
Povo, teu governo voltou a ti!

Václav Havel, presidente da Tchecoslováquia, em seu discurso de ano-novo em 1990. Havel adaptou as palavras de Comênio, erudito theco do século XVII, originalmente citadas por Tomáš Garrigue Masaryk em seu discurso de posse como primeiro presidente da Tchecoslováquia, em 1918.

ÍNDICE

TESTEMUNHO E HISTÓRIA

Certo dia de abril de 1989 eu me via na mina de carvão de Dimitrov em Bytom, na Alta Silésia. Era a primeira reunião pública do Solidariedade naquela mina desde que o general Jaruzelski declarara "estado de guerra" na Polônia em dezembro de 1981, e havia em todos os rostos empoeirados um ar de ira contida. Um homem atarracado de cara limpa, vestido de terno, estava incongruentemente sentado na primeira fileira. Era o secretário do Partido. Depois de um minuto de silêncio por aqueles — muitos deles mineiros — que haviam sido mortos durante o "estado de guerra", o membro do Solidariedade que presidia a assembléia apresentou os candidatos de Lech Wałesa para representarem a região no Parlamento: um engenheiro de minas, um professor e o líder da oposição e ensaísta Adam Michnik. Os candidatos falaram um após outro, e Michnik observou que aquela seria a primeira vez que eles poderiam votar em um parlamentar escolhido por eles mesmos. Essa eleição, disse ele, anuncia o fim do "sistema stalinista totalitário". O secretário do Partido agarrava-se aos seus papéis com a mão suada.

Logo em seguida o representante do Solidariedade anunciou aos mineiros reunidos que havia entre eles um visitante da Inglaterra que escrevera uma espécie de livro sobre o Solidariedade. Depois colocou o microfone em minhas mãos. Apanhado completamente de surpresa, gaguejei um discurso em que, se não me falha a memória, afirmei três coisas. Primeiramente, que estava ali como observador independente para escrever sobre aquela notável campanha eleitoral, que mais uma vez atraíra os olhos do mundo para a Polônia. Segundo, que, como observador independente, queria dizer-lhes que o nome de Adam Michnik era bem conhecido no Ocidente, e que se tornara sinônimo de integridade, coragem e resistência. Por último, queria dizer-lhes — sempre como observador independente — que se eles votassem em Adam Michnik, e nos seus admiráveis colegas candidatos, seria provável que o Ocidente desse mais dinheiro para ajudar a Polônia.

As três afirmações eram estritamente verdadeiras, mas eu não poderia negar que, tomadas em conjunto, seria concebível que elas fossem entendidas como recomendando um determinado curso de ação para a audiência, ou, em outras palavras, como "ingerência nos assuntos internos da República Popular da Polônia". "Expulsão imediata!", comentou Bronisław Geremek, o veterano conselheiro do Solidariedade, ao saber o que havia acontecido. Dessa vez, contudo, não fui expulso, e no final do ano não havia mais uma República *Popular* polonesa na qual interferir. Os populares haviam obliterado o Popular.

De qualquer modo, foi assim que tive a oportunidade de fazer o primeiro — e, espero sinceramente, o último — discurso eleitoral da minha vida, em polonês, em uma mina de carvão da Silésia.

Uma semana antes eu havia ido, em Budapeste, ao que foi descrito como uma "festa". Uma festa de oposição. Perto das barraquinhas, nas quais se vendia *samizdat* em vez de geléia caseira, havia uma faixa que dizia apenas "Hyde Park". Na marquise, fora organizado um debate entre os representantes de nada menos que sete grupos políticos, onde o membro do Partido dos Trabalhadores Socialistas da Hungria, o partido comunista no poder, era apenas um entre muitos. Havia Democratas Livres, Social-Democratas, Pequenos Proprietários, um tal de Partido Popular, o Fórum Democrático húngaro e os anfitriões, a Aliança dos Jovens Democratas. O porta-voz dos Democratas Livres, um sociólogo chamado Bálint Magyar, disse: "O nosso programa é mudar o sistema, não reformá-lo". Os Democratas Livres queriam transformar a ditadura neo-stalinista em uma democracia multipartidária, e a economia planificada em uma economia de mercado baseada na propriedade privada. Os maiores aplausos do dia vieram quando Viktor Orbán, o veemente líder de barbas negras da Aliança dos Jovens Democratas, declarou que a Hungria deveria abandonar o Pacto de Varsóvia.

Ao deixar a marquise, de repente me vi sentado a uma mesa não muito firme, ao lado de uma barraquinha que vendia cópias piratas de uma tradução de ensaios recentes meus sobre a Europa Central. Ordenaram-me que as assinasse. Enquanto isso, o dono da barraquinha começou a falar no tom de voz jocosamente elevado que as pessoas usam nas festas quando dizem "É aqui, um tostão a baciada!" ou "Mais alguém para a tômbola?".

Depois de muitos invernos, chegara a primavera. Mas em abril, quando já se tornara possível uma comparação com 1848, era primavera em apenas duas nações, Polônia e Hungria. Os outros quatro Estados daquilo que é enganadoramente chamado de Europa Oriental ainda estavam congelados em diferentes tipos de ditadura, que iam da imobilidade brejnevista na Tchecoslováquia à inequívoca tirania do "socialismo em uma só família" na Romênia. Para mim, pessoalmente, isso queria dizer que estava proibido de voltar à Alemanha Oriental, e escrevia sobre a Tchecoslováquia sob o pseudônimo de Edward Marston, ou, fico corado ao admitir isso, Mark Brandenburg. (Edward Marston começou a escrever da Alemanha Oriental para o *Spectator* no fim dos anos 70. Agora que as fichas do Serviço de Segurança do Estado foram postas à disposição dos estudiosos, espero ansiosamente ver a que fala sobre Marston, E.) Um especialista americano referiu-se a esses Estados não-reformados como o "bando dos quatro" — uma descrição que poderia muito bem ser aplicada aos líderes desses países, Honecker, Husák, Zhivkov e por último, mas não menos importante, Ceauşescu.

Mesmo na Polônia e na Hungria, o que estava acontecendo dificilmente poderia ser descrito como uma revolução. Era na verdade uma mistura de reforma e revolução. Na época, chamei-a de "refolução". Havia um elemento forte e essencial de mudança "de cima", liderada por uma minoria esclarecida no seio dos partidos comunistas ainda no poder. Mas havia também um elemento vital de pressão popular "de baixo". Na Hungria, havia mais do primeiro elemento, na Polônia do segundo, e no entanto nos dois países ocorreu interação de ambos os elementos. Todavia, essa interação foi, em grande parte, intermediada por negociações entre as elites dirigentes e as de oposição.

Essa história não pode ser contada em detalhes aqui. Alguns marcos, porém, são fundamentais. Tanto na Polônia como na Hungria, os antecedentes diretos das "refoluções" de 1989 podem ser encontrados em maio de 1988. Caracteristicamente, na Polônia a refolução começou com greves, na Hungria com uma conferência do Partido. Esta trocou o enfermiço János Kádár por Károly Grósz, que, por ter apenas 57 anos, foi naturalmente saudado no Ocidente como jovem, pragmático e dinâmico. Mas o que Grósz encabeçou no ano seguinte foi menos um avanço dinâmico que uma confusa retirada, na qual o Partido fez concessão após concessão: no final de 1988, permitiu a grupos de oposição que se formassem e organizassem manifestações; em janeiro de 1989, garantias legais de reunião e de associação livres (embora não ainda para partidos políticos) foram aprovadas pelo Parlamento; em fevereiro, o Partido declarou seu apoio, em princípio, à transição para um "sistema multipartidário"; e, em abril, atirou formalmente pela janela o princípio leninista de "centralismo democrático".

Até certo ponto, tudo isso foi o resultado de uma estratégia deliberada de recuar para depois avançar — *réculer pour mieux sauter*. O problema foi que eles nunca chegaram ao *sauter*. Os que o fizeram foram os vários grupos de oposição e partidos incipientes que eu vira representados na festa. Eles e os jornalistas. Pois este foi um movimento conduzido tanto nos meios de comunicação quanto nas ruas. Para dizer a verdade, houve manifestações cada vez maiores, principalmente nos aniversários das revoluções húngaras anteriores, 15 de março (1848) e 23 de outubro (1956). Mas mesmo nesses casos, o impacto maior sobre o país foi, em geral, provocado pelos meios de comunicação, e especialmente pelas emissões televisivas. Em resumo, houve uma curiosa desproporção entre o relativamente fraco "empurrão" do povo e o "puxão" do Partido.

O mesmo não se deu na Polônia. Nesse caso a história de 1989 não pode ser entendida sem uma referência ao mais forte e constante "empurrão" popular na história da Europa Oriental comunista: o do Solidariedade a partir de 1980. E o caminho para o fim negociado do comunismo começou com mais uma rodada de greves, em maio de 1988, durante a qual os trabalhadores gritavam, para o desânimo das autoridades, para o deleite do Solidariedade e de certo modo para a surpresa de ambos, *Nie ma wolności bez Solidarności*!: "Não há liberdade sem Solidariedade".

Passei um dia no local de nascimento do Solidariedade, o Estaleiro Lenin em Gdańsk, depois de ter sido introduzido ali por um simpático estudante, por cima do muro exterior, por baixo de uma enorme tubulação e ao redor da carcaça enferrujada de uma balsa soviética, a fim de evitar a tropa de choque que isolara o estaleiro. No quartel-general do comitê de greve encontrei Lech Wałęsa, de calças listradas e pantufas de couro, discutindo com um dos seus principais conselheiros, o editor católico Tadeusz Mazowiecki, enquanto metade do comitê se amontoava em volta, Mazowiecki estava tentando convencer Wałęsa a usar sua autoridade nas negociações, mas este recusava-se matreiramente. "*Panie Tadeuszu*", dizia ele, "você é o homem das negociações, o que busca a conciliação!". E *Pan* Tadeusz lançou um olhar atravessado por cima do ombro de Wałęsa, como se dissesse, "O que se pode fazer com um tipo destes!".

Conversei depois com alguns dos relativamente poucos operários que se tinham arriscado a ocupar o estaleiro. Um deles resumiu os agravos de todos com uma observação enérgica, mas nem um pouco banal: "Quarenta anos de socialismo e ainda não tem papel higiênico!". Quando lhes desejei sucesso, um deles deu de ombros e disse: "Talvez daqui a trinta anos...". Era esse o sentimento, e apenas trinta horas depois os grevistas remanescentes saíram marchando de braços dados, o padre Henryk Jankowski à direita de Wałęsa, Mazowiecki à esquerda, enquanto à frente alguém carregava uma cruz de madeira com as palavras "Deus, Honra, Pátria", e sob elas, "1970, 1980, 1988...".

Parecia uma derrota. Ainda em julho de 1988, o então porta-voz do governo Jerzy Urban podia dizer que "o movimento Solidariedade... pertence de uma vez por todas ao passado". Mas em agosto houve outra onda de greves, maior que a precedente, em que os grevistas exigiam de modo ainda mais generalizado e enfático a volta do Solidariedade. A 31 de agosto, oitavo aniversário do Acordo de Gdańsk de 1980 — a certidão de nascimento do Solidariedade —, o ministro do Interior, general Czesław Kiszczak, teve um encontro muito divulgado e instrutivo com Lech Wałęsa, a quem as autoridades haviam tentado por tanto tempo ignorar como um mero "cidadão privado". Wałęsa usou então sua autoridade pessoal para pôr fim às greves.

Seguiram-se quatro meses de negociações tortuosas, e muitas vezes secretas, entre os líderes do Solidariedade e um grupo de líderes do Partido, enquanto Wałęsa mais uma vez triunfava em um debate televisivo com o chefe dos sindicatos oficiais, um certo Alfred Miodowicz. O amplo grupo de conselheiros de Wałęsa, na maioria intelectuais, também constituiu-se formalmente como um "Comitê de Cidadãos". De maneira crucial, os adeptos da negociação conquistaram o apoio do general Jaruzelski. Pondo toda a autoridade pessoal *dele* na balança, ele conseguiu com que fosse aprovada a decisão de aceitar o retorno do Solidariedade, em uma tempestuosa sessão plenária do Comitê Central em janeiro de 1989. O caminho estava então aberto para as inauditas conversações da "Mesa Redonda", que começaram dia 6 de junho. A fotografia da enorme mesa redonda em forma de rosquinha, vista de cima, com um grande buquê de flores no meio, deu, como se diz, a volta ao mundo. Mais a propósito, deu a volta à Europa Oriental.

A história da Mesa Redonda, com suas submesas e subsubmesas, suas conferências de cúpula informais na aldeia de Magdalenka perto de Varsóvia, suas estranhas conversações entre ex-prisioneiros e seus ex-carcereiros, merece um livro separado. Talvez a maior ironia histórica dessas conversações tenha sido o desejo das autoridades de que as eleições fossem realizadas logo, acreditando que quanto mais curta a campanha, maiores as suas possibilidades de derrotar uma oposição completamente despreparada. O Solidariedade, em compensação, foi para as conversações decidido a conseguir uma única coisa: a restauração legal do Solidariedade. Além disso, eles pressionariam por mudanças fundamentais nos meios de comunicação, na educação, nas leis e nos governos locais. Eleições antecipadas, com restrições, seriam, achavam eles, apenas parte do preço que teriam de pagar. Outra parte seria uma presidência forte para o general Jaruzelski. Ao longo do processo eles descobriram que poderiam obter mais do que haviam pretendido originariamente, e acabaram não só com uma disputa livre por 35% dos assentos do *sejm*, mas também com o sufrágio livre para a totalidade de uma nova câmara superior do

Parlamento, o Senado. A primeira proposta de eleições livres para a câmara superior veio, na verdade, de um membro do lado comunista, durante uma daquelas conferências de cúpula informais conhecidas coloquialmente como "Magdalenkas".

O acordo da Mesa Redonda foi firmado a 5 de abril. O preâmbulo desse longo e complexo documento considerou-o "o começo do caminho para a democracia parlamentar". Em um dos comitês encarregados de prepará-lo, os representantes do Partido haviam proposto a introdução de um parêntese depois dessa primeira frase com palavras segundo as quais "a parte governamental da coalizão considera a democracia parlamentar como democracia socialista". Os negociadores do Solidariedade, depois de considerarem a própria posição, disseram que estavam de acordo — contanto que fosse acrescentada mais uma frase, segundo a qual isso seria também "o início da construção de uma Polônia soberana e independente". Os negociadores do Partido desistiram, então, da sua sugestão original. E lá se foi a democracia socialista.

Três semanas depois eu estava a caminho de Gdańsk no expresso matutino, sacudindo em um vagão-restaurante repleto de membros da *intelligentsia* de oposição de Varsóvia, a maior parte deles já escolhida oficialmente como candidatos do Comitê de Cidadãos ao parlamento. Estávamos indo ao Estaleiro Lenin para uma reunião dos 261 candidatos do Solidariedade de toda a Polônia. A reunião foi feita no mesmo salão que o comitê de greve interfábricas usara em agosto de 1980, com os mesmos modelos de navios em caixas de vidro, a mesma águia branca na parede, e o mesmo busto de Lenin. Ao subir na plataforma, Lech Wałęsa — o mesmo — lançou àquele Lenin um olhar de riso, como se quisesse dizer, "Por essa você não esperava, não é, velhinho?". Mais tarde, cada candidato foi fotografado apertando a mão de Lech Wałęsa. Duzentos e sessenta e um apertos de mão. As fotografias foram supervisionadas por Andrzej Wajda, o diretor de cinema. Meu caderno de anotações registra Bronisław Geremek explicando que aquelas eleições não eram democráticas, mas que "o importante é a possibilidade de que daqui a quatro anos haja eleições democráticas livres".

Quatro anos! Como esses pensamentos ousados parecem domesticados hoje! Contudo, se nada mais tivesse acontecido nos últimos sete meses de 1989, o que ocorreu na Hungria e na Polônia entre janeiro e maio teria sido registrado, no fim do ano, como espetacular, sem precedentes e histórico. No entanto, essas rupturas negociadas, essas "refoluções", foram quase esquecidas quando a história começou a acelerar em um ritmo vertiginoso. Primeiro, houve o extraordinário triunfo do próprio Solidariedade nas eleições de junho, que resultou na nomeação do primeiro chefe de governo não-comunista na Europa Oriental em quarenta anos. Então houve o novo funeral, em Budapeste, do herói da revolução húngara de 1956, Imre Nagy, e os acontecimentos que levaram à primeira dissolução formal de um partido comunista no poder no Leste europeu.

Ao mesmo tempo, como um efeito colateral imprevisto, na verdade nem sequer levado em conta, da revolução húngara, a "abertura da Cortina de Ferro" entre a Hungria e a Áustria permitiu que um número crescente de alemães orientais escapasse por essa fronteira que se tornara "verde". Isso foi um catalisador crucial para a revolução que irrompeu então, coincidindo elegantemente com o quadragésimo aniversário da República Democrática Alemã. Em seguida ocorreu na Bulgária uma revolução palaciana, com uma pequena ajuda das ruas, que foi imediatamente superada pela Tchecoslováquia. Em Praga, tarde da noite e não inteiramente sóbrio, eu disse a Olga, mulher de Václav Havel, que Ceauşescu cairia antes do fim do ano. Ela propôs uma aposta sobre isso — uma garrafa de champanhe. Na manhã seguinte, sóbrio, pensei que havia perdido uma garrafa de champanhe. Mas então, pouco antes do Natal...

Ninguém hesitou em chamar o que ocorreu na Romênia de "revolução". Afinal de contas, parecia mesmo uma:

multidões iradas nas ruas, tanques, palácios do governo em chamas, o ditador posto contra um muro e fuzilado. No entanto, é uma questão séria saber se o que aconteceu na Polônia, na Hungria, na Bulgária e até mesmo na Tchecoslováquia pode ser chamado de "revolução", a menos que o termo seja usado de modo bastante pouco rigoroso. Essa dúvida foi colocada por diversos intelectuais nos países em questão. Será que esses movimentos populares — que, por mais espontâneos, de massas e eficazes, foram quase inteiramente não-violentos — podem ser realmente descritos por uma palavra tão intimamente associada à violência? Contudo, a mudança de governo, ou melhor, de vida, que ocorreu nesses países dificilmente pode ser considerada menos profunda que a que houve na Romênia. Por uma mistura de protesto popular e negociações das elites, prisioneiros tornaram-se primeiros-ministros e primeiros-ministros tornaram-se prisioneiros.

Esse fim súbito e generalizado de um *ancien régime*, e o fato de ele ter ocorrido em todos os países do Leste europeu no espaço de alguns meses, pode justificar o uso da palavra "revolução" no meu subtítulo. O título, as palavras iniciais da Constituição dos Estados Unidos, tem a intenção, além de atrair a atenção dos passantes, de sugerir três aspectos notáveis desses acontecimentos: os usos, mas também as ambigüidades, do termo "o povo" (como por exemplo, incidentalmente, na estrutura da própria Constituição dos Estados Unidos); o fato de, na Hungria, na Polônia e na Tchecoslováquia, pelo menos, os líderes das revoluções, ou refoluções, terem uma concepção espantosamente clara da ordem constitucional que desejavam erguer, não só do que queriam destruir, e de essa nova ordem ter não pouca semelhança com a que foi estabelecida nos Estados Unidos (o que poderia ser chamado de Europa transatlântica) dois séculos antes; e, finalmente, a sensação de que esses acontecimentos, em sua retórica e em seu teatro de rua, de algum modo pertenciam a séculos anteriores, e não ao nosso mundo de mercado comum.

*

Não há como enfatizar demais que esta não é uma história abrangente dos acontecimentos de 1989 na Europa Oriental. Não pretendo oferecer uma análise completa da política soviética, dos fatores econômicos, dos desenvolvimentos no seio dos partidos e dos governos comunistas, e muito menos das causas remotas. (Uma narrativa destas pode ser encontrada em meus livros anteriores, *The Polish revolution* [A revolução polonesa] e *The uses of adversity* [Os usos da adversidade], dos quais este é uma seqüência.) Menos ainda pretendo fazer quaisquer previsões fechadas sobre o futuro. Escrever sobre 1989 no início de 1990 talvez seja ligeiramente menos temerário que escrever sobre 1789 em 1790; mas é temerário o bastante.

Não descrevo os eventos na Romênia e na Bulgária porque não estive lá. Estive presente em ocasiões importantes nos outros países, mas mesmo nesses casos a minha narrativa é em grande medida feita da perspectiva dos movimentos de oposição, e entre as chamadas "pessoas comuns" nas ruas — e principalmente, como indica o subtítulo, nas ruas das capitais. O capítulo sobre Praga é de longe o mais longo, porque nessa cidade o meu ponto de vista como testemunha foi único. As desvantagens da testemunha em comparação com os historiadores são as da parcialidade no espaço, no tempo e no julgamento. A testemunha só pode estar em um lugar em um momento, e tende a atribuir importância exagerada ao que viu ou ouviu pessoalmente. O historiador pode juntar todas as narrativas das testemunhas e, geralmente, não é influenciado por essa experiência em primeira mão. O que acontece depois muda a nossa visão do que ocorreu antes. O historiador costuma saber mais sobre o que acontece depois, simplesmente porque escreve mais tarde. Por último, há parcialidade no julgamento.

"Sou uma câmera", disse Isherwood. Não fui uma câmera. Uma câmera não teria feito um discurso de campanha em uma mina de carvão na Silésia. Esforcei-me ao máximo, com certeza, para chegar a todos os fatos, ouvir todas as partes, ser ao mesmo tempo justo e crítico. Mas o leitor verá imediatamente que as minhas simpatias estão geralmente mais com os que fizeram essas revoluções que com os que tentaram impedi-las, mais com os ex-prisioneiros políticos que com os ex-carcereiros da consciência.

Poucas leis são mais universais que a de Acton, "Todo poder corrompe", e ouso dizer que os novos dirigentes desses países serão corrompidos também. Ter sido perseguido não é necessariamente a melhor proteção contra a tentação de perseguir os outros. (Muitos dos líderes comunistas da Europa Oriental foram eles mesmos prisioneiros políticos: Honecker, Husák, Kádár, até mesmo Ceaușescu.)

I and the public know
What all schollchildren learn,
Those to whom evil is done
Do evil in return.

Eu e o público sabemos
O que toda criança sabe
Aqueles a quem se faz o mal
Com o mal também respondem.

Mas, como a maioria dos habitantes da Europa Central do Leste, estou tão consciente do preço humano pago sob os males passados, e do alívio de livrar-se deles, que não tenho inclinação para começar imediatamente a caçar novos males.

Essas são as graves desvantagens de uma testemunha. Mas também há vantagens. A testemunha pode, se tiver sorte, ver coisas que um historiador não encontrará em nenhum documento. Às vezes um olhar, um dar de ombros, uma observação casual podem ser mais reveladores que cem discursos. Nesses acontecimentos, muito mais que na maior parte da história contemporânea, muito de grande importância não foi registrado, seja porque ocorreu em conversações apressadas onde não havia ninguém tomando notas, seja porque o assunto foi tratado por telefone, ou porque as palavras ou imagens apareceram na televisão. (A importância da televisão dificilmente poderá ser exagerada. Historiadores futuros desses acontecimentos serão obrigados com certeza a passar tanto tempo nos arquivos de televisão quanto nas bibliotecas.) A testemunha pode ver de que modo coisas que parecem espontâneas foram na verdade arrumadas; mas também de que maneira coisas que parecem ter sido cuidadosamente arranjadas foram o produto casual de uma total confusão. Para o historiador, talvez o mais difícil de recapturar seja o sentido daquilo que, em dado momento histórico, as pessoas *não* sabiam sobre o futuro.

Na tentativa de preservar essa qualidade — bendita ignorância, se quiserem — organizei este livro do seguinte modo. Os quatro capítulos principais contêm relatos das eleições de junho em Varsóvia, o novo funeral de Imre Nagy em Budapeste, também em junho, a abertura do Muro de Berlim e duas semanas de revolução em Praga, em novembro e no começo de dezembro. Esses eventos são reproduzidos aqui substancialmente do mesmo modo que os registrei na época, ou muito pouco tempo depois, nas minhas anotações ou nos meus artigos para a *New York Review of Books* e para o *Spectator*. Cada um desses capítulos acaba com um curtíssimo sumário dos desenvolvimentos ulteriores até o final de 1989, apoiando-me também, onde fosse adequado, em material de primeira mão, mas vendo as coisas de uma perspectiva de janeiro de 1990. Todos eles têm os defeitos, mas talvez também as qualidades, de terem sido escritos na hora e rapidamente. O capítulo final é um conjunto de reflexões sobre a revolução, originariamente compostas sob a forma de notas para uma conferência em dezembro de 1989, e substancialmente reescritas em janeiro de 1990.

Desse modo, o livro tem duas estruturas temporais: uma, imediatamente contemporânea; e a outra, uma retrospectiva a partir do início de 1990. O leitor poderá então sobrepor a sua terceira estrutura temporal, meses ou anos depois. Se as coisas tiverem ido mal na Europa Central do Leste quando estiver lendo isto, provavelmente considerará o que segue absurdamente esperançoso e terrivelmente despreocupado. Evitando cuidadosamente qualquer citação de Wordsworth, eu diria apenas que isso também pertence aos registros. Essa era a sensação que se tinha na época.

VARSÓVIA

A PRIMEIRA ELEIÇÃO

Vendo as coisas agora, começa a parecer óbvio que o Solidariedade tenha obtido uma vitória arrasadora em 4 de junho, um domingo, no primeiro turno da coisa mais parecida com uma eleição livre que se via na Polônia em meio século. Eles tinham que saber que venceriam! Mas não sabiam. Sentei-me para almoçar com um Adam Michnik exausto e deprimido naquele domingo, e ele não sabia. Bebi com um Jacek Kuroń nervoso e excitado mais tarde naquela noite, e ele não sabia. Ninguém sabia.

A campanha, sem dúvida, fora boa. Apesar de todos os problemas do começo, a falta de organização, de dinheiro, de escritórios, de pessoal e, acima de tudo, de meios de comunicação, a campanha de oposição do Solidariedade tornou-se um festival nacional de improvisação. Apesar de todas as vantagens iniciais, a organização, o dinheiro, os escritórios, o pessoal e o monopólio do rádio e da televisão, a campanha organizada pelo Partido Operário Unificado da Polônia e seus parceiros subordinados na coalizão fora extraordinariamente fraca. O Solidariedade selecionou apenas um candidato por cada vaga que, segundo os termos do acordo da Mesa Redonda, estava autorizado a disputar. Embora não tenha sido democrático, o procedimento de seleção foi extremamente eficaz. Os grupos coligados ao Partido desperdiçaram semanas em disputas quase-democráticas, e acabaram escolhendo diversos candidatos para a maioria dos assentos, o que resultou na divisão de seus votos.

Por toda a parte os muros estavam cobertos com os nomes e os rostos dos candidatos do Solidariedade. Cada um deles era mostrado em uma fotografia com Lech Wałęsa, tirada naquela reunião no Estaleiro Lenin. Sob a foto, uma mensagem simples, escrita com a letra de Wałęsa, "Precisamos vencer". Em comparação, encontrar os nomes dos candidatos da coalizão governamental requeria muitas vezes uma demorada investigação particular. Os cartazes do Solidariedade eram vermelhos e brancos, com as inconfundíveis letras toscas. Em muitos lugares, o Partido recuara para um conservador azul desbotado. Um *slogan* típico do Partido era "Conosco é mais seguro" — um *slogan* que seria melhor para anticoncepcionais que para candidatos parlamentares, como notou um observador italiano.

Na véspera da eleição, assisti Kuroń andando para cima e para baixo no palco do surrado cinema Tęcza, no bairro operário de Żoliborz, arengando os fiéis. Primeiramente, foi-nos mostrado um longo e quase inaudível vídeo sobre a história do Comitê de Defesa dos Trabalhadores, o KOR, fundado em 1976. Para grande parte da audiência, aquilo já era história antiga. Em seguida, Kuroń respondeu às perguntas do público. Uma delas dizia respeito a uma questão muito discutida na campanha, o controle da televisão. A televisão, disse Kuroń, deveria ser "pública" e não "governamental". Deveria ser como a BBC! Ele então citou uma reveladora observação feita por um veterano membro do Partido, durante as conversações da Mesa Redonda: "Nós lhes daremos a Zomo (tropa de choque), antes de dar-lhes a televisão". "E ele tem toda a razão", comentou Kuroń, "eu preferia ficar com a televisão".

Naquela nublada manhã de domingo, fui para o local de votação em Zoliborz com o meu indômito editor clandestino, Andrzej Rosner, a mulher dele, Ania, e a filha do casal, Zuzia, de sete anos. Ania observou com orgulho que aquela era a primeira vez que votava, pois ela boicotara todas as eleições anteriores, por não serem livres. Andrzej confessou que *havia* votado uma vez, antes — uma coisa muito embaraçosa — mas que então ele tinha apenas dezoito anos, de modo que não tinha muita importância. Um fluxo constante de pessoas atravessava o terreno baldio entre prédios de apartamentos inacabados, esquivando-se de enormes lodaçais a caminho das urnas. Junto ao local de votação, o único "ponto de informação" era do Solidariedade. Dentro, tudo havia sido pintado nas cores oficiais, vermelho e branco: a bandeira, os cartazes, e até as urnas.

Andrzej e Ania receberam as complicadas cédulas de votação: cédulas brancas separadas para cada assento no *sejm*: a "Lista Nacional" dos 35 proeminentes candidatos da coalizão governamental, que apenas precisavam obter mais de cinqüenta por cento dos votos para conquistar assentos indisputáveis; e uma longa folha de papel cor-de-rosa com a lista dos numerosos candidatos para o Senado. Ignorando as cabines indevassáveis, Andrzej e Ania sentaram-se em uma mesa e começaram a gloriosa tarefa de riscagem: pois, em mais um erro crasso, os representantes da coalizão governamental insistiram em que a votação deveria ser feita mediante a eliminação, na cédula, do nome dos candidatos em quem não se quisesse votar. E lá foram as canetas, *ziip*, *ziip*, enquanto os meus amigos riscavam um nome oficial atrás do outro, sem ligar para o tempo, saboreando o momento. Com um acesso de misericórdia feminina, Ania deixou um nome dos 35 da Lista Nacional — o de um juiz que, comentava-se, não havia sido um crápula completo. Depois fomos para casa, contornando as gigantescas poças de lama, passando pelos prédios semiacabados, moradas do comunismo, irradiando uma tranqüila mas profunda satisfação.

Por toda Varsóvia foi mais ou menos a mesma coisa. Lá pelo meio da manhã havia longas filas. "Você entende, é depois da missa", foi a explicação que me deram para a extensão das filas em quase todos os locais de votação. Mas as filas também foram causadas pela avassaladora complexidade dos procedimentos de votação. Alguns eleitores vieram diretamente da primeira comunhão dos filhos, arrastando menininhas de longos vestidos brancos. Primeira comunhão e primeira eleição. E não só para as crianças. "Sim, senhor", confiou-me um casal já não tão jovem, de mãos dadas e sorrindo timidamente, "é a nossa primeira vez!". Do outro lado do rio, em Praga, o Bronx de Varsóvia, os escolares viram suas salas de aula serem transformadas em locais de votação. A escola da democracia. Debaixo do braço, as crianças carregavam rolos de cartazes eleitorais pegajosos e sujos, arrancados dos muros para servirem de lembrança.

No corredor, fui abordado por um senhor um tanto perplexo. "Desculpe-me", disse ele, "Byliński... é dos nossos (*nasz*)?". "Sim", disse eu, "é dos nossos." *Ziip, ziip*, fazia a caneta dele, enquanto riscava toda a Lista Nacional, murmurando de si para si, "Já estou farto deles, todos esses anos...". Depois, pegando a folha cor-de-rosa, "E Findeisen, é dos nossos?". "Sim, é dos nossos." "E Trzeciakowski, onde está ele?" Examinamos juntos a folha de letras apertadas. Foi quando um secretário cacarejante da Comissão Eleitoral veio até mim e perguntou, com nervosa agressividade, "Qual é o seu papel aqui?" — como se eu fosse responder, "De agente do imperialismo".

À noite visitei a velha gráfica do jornal diário do Partido, o *Trybuna Ludu*, que passara a imprimir também o diário apressadamente improvisado da oposição-Solidariedade, *Gazeta Wyborcza*, ou seja, "Gazeta Eleitoral". A técnica de metal quente era quase dickensiana, mas a parte mais interessante era o censor da casa. Para meu grande deleite, os editores da *Gazeta* permitiram que eu submetesse uma charge à aprovação. Batendo na porta do escritório do censor, entrei e, tal como tinha sido instruído, disse em um tom de voz aborrecido, desleixado, "Tarde, *Gazeta Wyborcza*, página 5". Em vez de um tipo sinistro de óculos escuros, encontrei-me frente a uma senhora vestida como uma faxineira, com um vestido estampado barato, uma xícara de chá na mão e uma bituca pendurada do lábio inferior. Era o censor. Ela pegou a prova da charge, examinou com cuidado o artigo que sairia junto com a ilustração, provavelmente procurando algum conteúdo subversivo — mas também, pareceu-me, para demonstrar que sabia ler — e depois, fazendo uma marca no verso da ilustração, devolveu-a para mim como quem me dispensava, e voltou para a xícara de chá. Mesmo naquela hora — sem saber o que trariam os próximos meses — fiquei com a sensação de ter tido o privilégio de assistir a um rito menor de alguma tribo em perigo de extinção, como a ingestão de ioppo entre os ianomami.

Mais tarde, fui tomar uma bebida com Jacek Kuroń, que, enquanto esperava os resultados da eleição, fez um hilariante relato de sua primeira viagem aos Estados Unidos, e de seu encontro com o presidente Bush. E o que Bush havia dito a ele? "Ele disse que era a favor da democracia. Eu disse, 'Eu também' ".

Na manhã seguinte fui acordado pouco antes das oito por um telefonema de Janusz Onyszkiewicz, o principal porta-voz do Solidariedade ao longo de todos os intermináveis anos de trevas desde 1981. Ele fora eleito para o Parlamento, e parecia que em todo o país eles haviam conquistado uma bela vitória. À medida que o dia foi passando, as notícias foram ficando cada vez melhores. A sede do Comitê dos Cidadãos de Varsóvia ficava em um café chamado, bem a propósito, Café Surpresa. O primeiro andar tinha toda uma fileira de telas de computador, tabulando os últimos resultados.

À tarde, os líderes do Solidariedade sabiam que haviam virado a mesa: estavam conquistando avassaladoramente, já no primeiro turno, todos os assentos para os quais estavam concorrendo, com exceção de uns poucos. Três coisas aconteceram ao mesmo tempo: os comunistas perderam uma eleição; o Solidariedade venceu; e os comunistas reconheceram que o Solidariedade venceu. Isso pode parecer um silogismo. No entanto, se praticamente um dia antes alguém tivesse se arriscado a predizer esses três acontecimentos, esse alguém teria sido universalmente considerado um lunático, não um lógico. Além do mais, as três coisas, embora estivessem logicamente relacionadas, eram ao mesmo tempo separadas e distintas.

Primeiramente, e acima de tudo, os comunistas perderam. Não perderam o poder. Tinham ainda o Exército, a polícia, o aparato do Partido e a *nomenklatura*. Mas perderam a eleição. Enquanto que praticamente todos os candidatos do Solidariedade ganharam no primeiro turno, a maior parte dos candidatos da coalizão governamental tiveram que disputar um desempate no segundo turno, dia 18 de junho. O mais humilhante foi que apenas dois dos 35 candidatos da Lista Nacional conseguiram o mínimo de cinqüenta por cento dos votos válidos em uma eleição sem concorrentes. Em outras palavras, mais da metade dos que apareceram para votar deram-se ao trabalho de riscar, nome a nome ou com um grande xis, o primeiro-ministro, o ministro do Interior, o ministro da Defesa e outras figuras menos proeminentes da situação.

Em segundo lugar, o Solidariedade venceu. Venceu não só contra o Partido, mas também contra muitos anticandidatos bem conhecidos, até famosos: administradores públicos, personalidades da televisão, representantes de grupos de oposição mais radicais e, o mais formidável, contra os democratas cristãos que desfrutavam do apoio explícito da alta hierarquia da Igreja — na verdade, da mais alta, pois, na própria véspera da eleição o primaz, cardeal Józef Glemp, recebeu com estardalhaço os democratas cristãos que disputavam contra Adam Michnik e Jacek Kuroń — ambos candidatos oficiais do Solidariedade, mas ambos, também, oriundos daquilo que Adam Michnik chamara certa vez de "esquerda laica". Mesmo assim, apesar dessa extraordinária intervenção, os candidatos do Solidariedade venceram com facilidade. "O primaz deveria apresentar sua renúncia", murmuraram os espirituosos.

Pode-se pensar que o Solidariedade não precisava preocupar-se com a própria popularidade. Mas eles se preocupavam. A maioria das pesquisas sugeria uma dispersão dos votos não-comunistas. E, qualquer que fosse a legitimidade histórica obtida em 1980-81; qualquer que fosse a legitimidade espiritual proporcionada pelas bênçãos do Papa (um acima do primaz); qualquer que fosse a legitimidade cultural devida às estrelas de cinema e aos vencedores do prêmio Nobel; qualquer que fosse a legitimidade sindical conquistada nas greves do ano anterior, não há nada, mas nada mesmo, que se iguale à legitimidade que vem das urnas.

Houve um único oponente que o Solidariedade não derrotou, que poderia ser chamado, por analogia ao General Inverno, General Abstenção. Todos os protagonistas da campanha estiveram de acordo em uma coisa: que todos deveriam ir votar. Contudo, o comparecimento efetivo foi muito modesto: pouca coisa acima de 62%, o que de acordo com os pouco confiáveis números oficiais era até menos que o comparecimento para o plebiscito sobre a reforma econômica em 1987. Talvez algumas pessoas tenham atendido ao apelo da oposição radical para boicotar até mesmo aquela eleição, pois não eram totalmente livres. Talvez um ou outro fiel ardoroso do Partido tenha-se sentido tão enojado que ficou em casa. Mas a minha própria pesquisa improvisada sugeriu que a razão principal foi um cansaço e um descrédito profundos na capacidade de qualquer força política — vermelha, branca ou azul — para pôr fim ao desesperado declínio material do país.

A terceira coisa que aconteceu foi, a seu modo, quase tão extraordinária quanto o resto. O Partido disse a verdade. Na noite de segunda-feira, quando se teve conhecimento dos primeiros resultados, o porta-voz do Comitê Central, Jan Bisztyga, apareceu no telejornal da noite, sentado ao lado de Janusz Onyzszkiewicz, do Solidariedade. O senhor Bisztyga disse: "As eleições tiveram um caráter plebiscitário e o Solidariedade conquistou uma clara maioria". Disse outras coisas também. Por exemplo: "Se o triunfalismo e o aventureirismo anarquizarem a situação na Polônia, a democracia e a paz social serão seriamente ameaçadas". (Ora vejam, isso poderia quase ser confundido com uma ameaça.) Mas, como primeira reação de um partido que havia monopolizado o poder por mais de quarenta anos, e combatido o Solidariedade com unhas e dentes por mais de sete, isso era muito. Dois dias depois, o general Jaruzelski disse simplesmente: "Foi a primeira vez que os eleitores puderam escolher livremente. Essa liberdade foi usada para riscar aqueles que estiveram no poder até agora".

O domingo de 4 de junho foi um marco não só na história polonesa do pós-guerra, não apenas na história do Leste europeu, mas na história do mundo comunista. Mas, ao mesmo tempo em que mergulhavam em febris discussões, negociações e cabalas na calada da noite, a reação dos líderes do Solidariedade foi uma curiosa mescla de exaltação, incredulidade e alarme. Alarme pelas novas responsabilidades que agora tinham pela frente — os problemas do sucesso — mas também um temor insidioso de que as coisas não podiam continuar a ir tão bem. Esse temor foi intensificado pelas notícias da China, pois o massacre dos estudantes que faziam manifestações pela democracia na praça Tiananmen ocorreu no mesmo dia. Foi uma experiência estranha ver, com um grupo de jornalistas poloneses de oposição, na mesma tarde da eleição, as imagens de Pequim na televisão. A lei marcial. Os tanques. O gás lacrimogêneo. Cadáveres carregados ao ombro. Já tínhamos visto aquilo antes: em Gdańsk, em Varsóvia.

Quando os líderes do Solidariedade começaram a envolver-se na política real, com todas as suas evasões, compromissos e meias-verdades, houve mais que um mero traço de nostalgia pelas simples verdades e clarezas morais do período de lei marcial. Podia-se desejar apaixonadamente que a Polônia tivesse uma política "normal". Mas era uma coisa completamente diferente ver seus próprios amigos começarem a agir como políticos normais. No entanto, qual era a alternativa? E vinha a resposta: "Praça Tiananmen".

Após o triunfo eleitoral, o Solidariedade teve de enfrentar várias questões importantes: a estrutura interna do movimento de oposição; a natureza, o ritmo e os termos de sua participação no governo; e sua resposta à crise econômica cada vez mais profunda. O que era o Solidariedade no verão de 1989? Era pelo menos quatro coisas. Primeiro, era Lech Wałęsa, cuja autoridade e popularidade pessoais haviam atingido alturas extraordinárias, reforçadas, é claro, por cada reunião com um presidente, Mitterand ou Bush. Segundo, era o grupo parlamentar — 161 dos 460 membros do *sejm*, 99 dos cem membros do Senado. Estes novos parlamentares representavam, pessoalmente, tendências e tradições bem diferentes, mas no dia 4 de junho todos eles — sociais-democratas ou conservadores, cristãos ou judeus, brilhantes ou obtusos — foram eleitos porque eram os candidatos de Lech Wałęsa e do Solidariedade. Candidatos comunistas derrotados observaram amargamente que se um macaco tivesse sido lançado como candidato oficial do Solidariedade ele teria sido eleito, e há provavelmente alguma verdade nisso. Poderia ser acrescentado que, se são Paulo tivesse sido lançado como candidato pelo Partido Operário Unificado da Polônia, ele teria provavelmente sido derrotado.

Terceiro, o Solidariedade também era a estrutura informal de Comitês de Cidadãos em nível nacional, regional e local —, que foram os verdadeiros organizadores da campanha eleitoral. Além de contarem com veteranos ativistas do Solidariedade, esses Comitês de Cidadãos tiveram a adesão de muitas pessoas — médicos, engenheiros, professores, jornalistas — que não haviam sido muito ativos antes. Os Comitês foram as organizações essenciais da base eleitoral dos novos parlamentares e, por assim dizer, os viveiros locais das mudas da democracia polonesa. Por fim, havia o Solidariedade tal qual fora no início: um sindicato. Mas o Solidariedade-enquanto-sindicato crescera muito lentamente desde seu novo registro em abril. Não houve nenhum sinal do exuberante dinamismo do outono de 1980, quando, segundo estimativas, em apenas duas semanas 3 milhões de pessoas filiaram-se ao sindicato recém-criado. Em meados de junho, após dois meses, o número de filiados foi estimado em algo entre 1,5 milhão e 2 milhões, e ninguém imaginava que alcançaria os 10 milhões de 1981. Ou seja, apenas cerca de um em cada sete que votaram pelos candidatos do Solidariedade no dia 4 de junho havia decidido juntar-se ao sindicato Solidariedade. Na melhor das hipóteses, o relacionamento entre esses quatro aspectos do Solidariedade levaria algum tempo para funcionar.

Uma fonte de repetida controvérsia era o estilo de liderança arrogante, ou até mesmo, segundo alguns, "ditatorial" do próprio Lech Wałęsa, tanto no próprio sindicato como na arena política mais ampla. Mesmo no primeiro período de existência legal do Solidariedade, em 1980 e 1981, Wałęsa tinha uma atitude um tanto quanto ambígua em relação à democracia no seio do movimento, e essa tendência não fora enfraquecida pela sua singular elevação à condição de ganhador do prêmio Nobel e estadista internacional. Agora como então, porém, ele respondia com um forte argumento prático. Em uma entrevista para o primeiro número da versão ressuscitada da revista *Semanário do Solidariedade*, ele perguntou, retoricamente, "Pode-se levar um navio através de um mar tempestuoso de maneira inteiramente democrática?".

Cada vez mais, a personagem-modelo pessoal de Wałęsa parecia ser o marechal Józef Piłsudski, que primeiro lutou pela independência da Polônia e depois, por dez anos após o golpe de 1926, presidiu de modo claramente autoritário a República Polonesa independente. "Na verdade, deveríamos começar por cantar 'Nós, a Primeira Brigada'", ouvi Wałęsa dizer na primeira reunião da bancada de oposição do Solidariedade recentemente eleita, referindo-se à arrebatadora canção das Legiões de Piłsudski na Primeira Guerra Mundial. Mas quando ele começou a ditar, *de haut en bas*, qual deveria ser a forma e a liderança de uma bancada da qual ele nem sequer fazia parte, houve uma revolta instantânea. "Isto é 'uma espécie de golpe de Estado'", disseram, "não é possível que comecemos a construir a democracia com esses 'métodos bolcheviques'". Wałęsa recuou imediatamente: "Eu gosto da democracia, eu adoro a democracia", protestou ele. E o mesmo que aconteceu nessa reunião aconteceria nos anos seguintes e nas lutas mais amplas. Wałęsa gostaria de ser um líder forte. Havia uma necessidade objetiva de uma liderança forte. Poderia haver também, podemos especular, um desejo subjetivo de um líder forte. O estilo autoritário que caía tão mal junto aos ativistas democráticos poderia na verdade recomendá-lo aos olhos de um público mais amplo.

Todavia, Piłsudski estava rodeado de coronéis, ao passo que Wałęsa estava rodeado de professores. Enquanto a Polônia de antes da guerra existia em uma Europa de ditaduras, a Polônia de agora olhava para uma Europa Ocidental de democracias liberais. Como seu braço direito, Wałęsa tinha o sábio professor Bronisław Geremek, uma adorável mistura de Macaulay com Maquiavel, e um homem que sabia exatamente o que era necessário para uma Polônia moderna, ocidental, européia.

Naquela primeira reunião da "primeira brigada", conduzida a portas fechadas no auditório principal da Universidade de Varsóvia, Geremek foi eleito presidente do grupo unificado dos membros eleitos pelo Solidariedade para as duas câmaras do Parlamento. Quando ele assumiu a presidência, a reunião adquiriu repentinamente ritmo e ordem. Uma das primeiras questões a serem discutidas foi a do nome que esse grupo deveria dar a si mesmo. O próprio Wałęsa insistiu — contra os apelos de alguns dos presentes — que o nome não deveria incluir a palavra "Solidariedade". Ele argumentava que o grupo deveria estar aberto a todas as tendências independentes e democráticas da Polônia. Existem agora tendências diferentes, disse, e no futuro essas diferenças aumentariam, como realmente é preciso que aconteça, no caso de a Polônia se tornar uma verdadeira democracia. Diversos nomes alternativos foram propostos, e as siglas resultantes eram testadas no quadro-negro da Universidade. As minhas anotações trazem: OKP, OKOP, DKO, KO, OK, OKO. Por fim, eles chegaram a um acordo com OKP, isto é, Clube Parlamentar dos Cidadãos.

Nessa altura, em meados de junho, os líderes do Solidariedade descreviam seu calendário ideal — aquilo que os planejadores poloneses chamam de "harmonograma" — para a transição para a democracia mais ou menos da seguinte maneira. Pelos próximos um ou dois anos, eles funcionariam ao mesmo tempo como uma oposição parlamentar e extraparlamentar: controlando os atos de um governo mais competente mas ainda chefiado pelo Partido, introduzindo nova legislação em muitas áreas, abrindo os meios de comunicação de massas, reformando o sistema legal e organizando sua base de apoio eleitoral, bem como o sindicato Solidariedade. Após um ou dois anos, haveria eleições livres para os governos locais. Estas dariam um fim ao domínio ineficiente, burocrático e corrupto da *nomenklatura* desses vitais escalões inferiores da vida pública polonesa. Enquanto isso, uma espécie de Magdalenka permanente e informal, com a participação dos membros mais graduados do Partido e do Solidariedade, resolveria as questões mais polêmicas.

Em quatro anos — tal como fora acordado na Mesa Redonda — haveria eleições plenamente livres para o Parlamento nacional. Nesse ponto seria razoável esperar a formação de um governo que não estivesse ligado ao Partido. A continuidade deste governo e a aceitação soviética seriam garantidas pelo presidente Jaruzelski, eleito por seis anos. Portanto, com uma boa dose de otimismo e de fantasia, era possível imaginar Wałęsa sendo eleito para a Presidência em 1995, para então presidir um regime que, embora centralizado e até autoritário nos escalões superiores, permitiria que por baixo crescesse tanto uma democracia multipartidária quanto uma economia de propriedade mista e de livre-mercado. Em resumo, Wałęsa seria para a Polônia o que De Gaulle foi para a França. Este era o harmonograma ideal, se não houvesse nenhuma surpresa.

Mas surpresa foi o que não faltou, tanto externa como internamente. O problema interno era que o Solidariedade estava sendo arrastado para o poder mais rápido do que queria. Tinha que enfrentar opções que nunca esperara enfrentar. Os líderes do Solidariedade insistiam que, quando os termos da nova Presidência estavam sendo negociados na Mesa Redonda, o nome do general Jaruzelski nunca fora mencionado explicitamente em relação a esse cargo. Mas, se não fora mencionado explicitamente foi porque qualquer criança veria que o cargo fora projetado para ele. Esse era o trato. E o acordo sobre a distribuição dos assentos no Parlamento parecia garantir-lhe a eleição.

Ninguém, contudo, nem o Solidariedade, nem o Partido, contara com a enorme desproporção entre a vitória do Solidariedade e a derrota da coalizão do Partido. Quando alguns membros dos outrora bem-comportados partidos da coalizão, o Partido Democrático e o Partido Único dos Camponeses, fizeram saber que não desejavam votar em Jaruzelski, o Solidariedade viu-se na horripilante situação de ser aparentemente capaz de impedir que Jaruzelski fosse eleito presidente. Os próprios partidários deles nunca os perdoariam se votassem em Jaruzelski. O Exército, a polícia, a máquina do Partido e provavelmente Moscou nunca aceitariam um candidato que não fosse do Partido. Que diabos deveriam fazer? Foi assim que vimos o espetáculo surrealista de pessoas que haviam sido internadas e aprisionadas pelo general Jaruzelski durante a lei marcial dando tratos à bola para inventar um modo de garantir a eleição dele como presidente.

Ao mesmo tempo, a economia formal deu mais um passo em direção ao desastre. Foi anunciada uma série de aumentos de preços que haviam sido adiados para depois das eleições: açúcar, álcool e petróleo, em rápida sucessão. Avistando mais aumentos de preços no futuro, as pessoas começaram a comprar em pânico. As prateleiras ficaram vazias. A taxa de câmbio do dólar no mercado livre saltou para o nível sem precedentes de mais de 6 mil złotys — fazendo assim com que o salário médio, na taxa de câmbio do mercado livre, fosse de apenas cinco libras por mês. Um projetado congelamento de preços e salários foi torpedeado antes mesmo de ser anunciado. A inflação estava na casa dos três algarismos. As coisas não podiam continuar como estavam.

Depois da eleição, só um governo com o claro apoio do Solidariedade teria credibilidade para conseguir a aprovação das dolorosas medidas de austeridade e reestruturação que necessariamente fariam parte de qualquer programa sério de reforma econômica. Como os presidentes Mitterand e Bush e a sra. Thatcher deixaram claro, o Ocidente, para o qual todas as partes olhavam agora como a um *deus ex machina*, ofereceria uma substancial redução da dívida e uma modesta ajuda direta ao setor privado até mesmo naquelas circunstâncias caóticas, mas que só ofereceria — na verdade, só poderia oferecer — programas de larga escala do FMI e do Banco Mundial a um governo devidamente constituído que apresentasse uma política econômica conseqüente.

Os líderes do Solidariedade afirmaram que estavam despreparados para desempenhar tal papel, tanto prática quanto psicologicamente. Seus economistas tinham esboços de programas — pior, tinham diversos programas alternativos, que iam do liberalismo radical ao "socialismo de mercado" — mas não estavam a par, nem podiam estar, dos detalhes práticos que só poderiam ser obtidos instalando-se nos ministérios. Mas estes ministérios, e toda a pirâmide burocrática abaixo deles, estavam ainda sob o contrôle dos funcionários do Partido — a *nomenklatura*. Entrar para o governo enquanto essas estruturas básicas não fossem modificadas seria, diziam eles, condenar-se ao fracasso. Mudar essas estruturas requeria tempo, mas tempo é o que eles não tinham. Tinham vencido a eleição. O país precisava deles — imediatamente.

E o país conseguiu-os, mas não de imediato. Antes disso, as câmaras combinadas do Parlamento precisavam eleger um presidente. Será que Jaruzelski passaria? O suspense durou um mês inteiro depois do segundo turno da eleição. Por fim, no dia 19 de julho, o general foi eleito por uma margem de apenas um voto. O único motivo pelo qual ele venceu foi que sete parlamentares da oposição-Solidariedade invalidaram deliberadamente seus votos, de modo a garantir a vitória do general, enquanto vários outros se abstiveram. Muitos partidários do Solidariedade ficaram furiosos. Mas os cérebros políticos do movimento argumentaram que aquele era o melhor resultado possível. Jaruzelski tinha que ser eleito. Esse era o trato, e os organismos que ele chefiava, Partido, Exército e polícia, ainda detinham o poder real no país. Por outro lado, a eleição pela menor margem possível — e visivelmente graças ao Solidariedade — mostrava inequivocamente quem tinha a legitimidade real no país. (De fato, em uma conversa no dia seguinte ao 4 de junho, um dos melhores desses cérebros políticos, que nas circunstâncias é melhor que permaneça sem nome, antecipou precisamente este resultado. "Se ficar claro que o presidente não vai conseguir a maioria necessária", disse ele, "alguns de nós vão ter que pegar um resfriado".)

Enquanto uma reunião plenária do cronicamente desunido Partido Operário Unificado Polonês chegava a um acordo sobre o *soi-disant* "liberal" Mieczysław F. Rakowski — outro dos apagados favoritos do Ocidente — para suceder a Jaruzelski como líder do Partido, este convidou outro general comunista, Czesław Kiszczak, para formar um governo de "grande coalizão" que incluísse o Solidariedade. Kiszczak havia sido uma figura central na ruptura negociada cujo símbolo foi a Mesa Redonda. Mas também tinha sido ministro do Interior durante todo o período de lei marcial. Será que os líderes do Solidariedade teriam agora que servir sob o seu antigo carcereiro? Ora, quem foi que ganhou a eleição? O próprio Kiszczak estivera na Lista Nacional, e não conseguira ser eleito. "Dou-lhe as boas-vindas ao *sejm*", disse ele a Adam Michnik em uma reunião logo depois da eleição. "Não, general", respondeu Michnik, "no *sejm* quem faz as saudações sou eu!". Mesmo assim, muitos dos mais importantes estrategistas do Solidariedade, e notadamente o próprio Michnik, estavam naquele momento pensando em termos de uma aliança estratégica com os comunistas reformistas. Lech Wałęsa apresentou uma proposta alternativa: uma "pequena coalizão", não com os comunistas, mas com os partidos outrora títeres, o Democrático e o Único dos Camponeses, cuja maioria dos deputados estava mais que disposta a abandonar seus senhores e estabelecer algum tipo de credibilidade antes das eleições realmente livres. Entre eles, tinham maioria no Parlamento, pois, segundo os termos do acordo da Mesa Redonda, os comunistas detinham apenas 38% dos lugares no *sejm*.

Depois de mais duas semanas de frenéticas negociações, o general Kiszczak graciosamente admitiu que não podia formar um governo, e o presidente Jaruzelski graciosamente convidou Tadeusz Mazowiecki para tentar fazê-lo. A taça passou assim das mãos do cavalheiro-carcereiro para as do cavalheiro-prisioneiro, pois Mazowiecki, como a maioria dos principais líderes do Solidariedade, estivera internado por um ano sob a lei marcial. Wałęsa fizera saber que estava considerando três candidatos para o cargo, Mazowiecki, Kuroń e Geremek (ao mesmo tempo que, segundo pessoas bem informadas, queria o posto para si mesmo). Mazowiecki era um rival político menos óbvio para Wałęsa que Geremek, e como católico devoto, apesar de liberal, também era mais aceitável para a Igreja. Ele tentaria fazer não uma pequena coalizão, mas uma grande, incluindo comunistas em postos-chave.

Na época ninguém sabia se Moscou aceitaria esse arranjo. Apesar das auspiciosas declarações gerais contidas no recentíssimo discurso feito em julho por Gorbachov perante o Conselho da Europa em Estrasburgo, tanto o *Pravda* quanto o *Izvestia* estavam bufando e resmungando de modo agourento. Reconhecidamente crucial para determinar tanto a atitude do Partido como a de Moscou foi uma conversa telefônica entre Gorbachov e o novo líder do Partido polonês, Rakowski, no dia 22 de agosto. (Mais uma vez fico imaginando se os futuros historiadores encontrarão algum registro escrito desse importante momento.) No momento em que Mazowiecki foi confirmado pelo *sejm*, no dia 24 de agosto, com os votos da maior parte dos deputados comunistas, estava claro que o Partido, em princípio, estava pronto a servir sob às ordens dele.

Depois de mais três semanas de negociações carregadas, tortuosas e extenuantes, Mazowiecki pôde apresentar, no dia 12 de setembro, seu novo governo ao Parlamento. Houve um momento em que foi obrigado a fazer um intervalo e ir passear a pé no Jardim Lazienki, de tão exausto que estava com os esforços do mês anterior. "Eu venho", disse ele, "como um membro do Solidariedade, fiel à herança de agosto", e terminou o discurso com as palavras: "Acredito que Deus nos ajudará a dar um grande passo adiante no caminho que agora se abre à nossa frente". Estas palavras foram fielmente reproduzidas no jornal do Partido, o *Trybuna Ludu*, dando a Deus o D maiúsculo que lhe é devido. Esse jornal também publicou as tradicionais biografias enlatadas dos membros do ministério. Neste, Jacek Kuroń, como ministro do Trabalho e da Política Social, estaria sentado ao lado de Czesław Kiszczak, que continuava sendo ministro do Interior. O Partido conservara os importantíssimos ministérios do Interior e da Defesa, mas entregara a pasta das Relações Exteriores a um independente sem partido, o professor Krzysztof Skubiszewki, um respeitado jurista internacional.

Todavia, os postos mais importantes de todos eram os econômicos, pois ao longo desse lento e doloroso processo de transição política negociada — de refolução — a situação econômica estivera piorando, piorando, piorando. As raízes dos infortúnios econômicos da Polônia podiam ser encontradas num passado mais distante: quase vinte anos antes, por exemplo, no começo da malfadada experiência de Gierek; ou quarenta, com a imposição do stalinismo pleno; ou ainda cinqüenta, com a invasão alemã de setembro de 1939. Mas não há dúvida que a Polônia pagou um preço econômico adicional por ter quebrado o gelo da transição política. Isso foi válido, em um sentido mais amplo, ao longo da década de 80, e em um sentido mais restrito, a partir da primavera de 1988. Pois foi nesse período, quando todos os controles políticos se enfraqueceram (inclusive os que se exerciam sobre as reivindicações salariais), e quando o último governo comunista da Polônia adotou medidas cada vez mais irresponsáveis (principalmente a de liberar os preços agrícolas sem antes criar um mercado livre que os regulasse), que a inflação elevou-se a alturas assustadoras, de cerca de 64% em 1988 a perto de 640% em 1989.

Entre os porta-vozes econômicos do Solidariedade durante a Mesa Redonda e a campanha eleitoral, a abordagem cautelosa, gradualista, do tipo "socialismo de mercado" fora predominante. O novo primeiro-ministro fora, ele próprio, profundamente influenciado pelos ensinamentos sociais do Papa, e estivera inclinado, na juventude, a acreditar na possibilidade de um socialismo cristão. Mas praticamente a primeira observação que ele fez como primeiro-ministro foi: "Estou à procura do meu Ludwig Erhard!".* Encontrou-o em um economista liberal radical

(*) Adepto do liberalismo econômico, Ludwig Erhard (1897-1977) é considerado o principal articulador da extraordinária recuperação da economia alemã-ocidental após a Segunda Guerra. (N. E.)

chamado Leszek Balcerowicz — um Erhard sem charuto — e a equipe que montaram incluía dois dos mais francos defensores da economia de livre-mercado e da privatização na Polônia, o novo ministro da Indústria, Tadeusz Syryjczyk, e o novo ministro da Habitação, Aleksander Paszyński.

A equipe Balcerowicz começou a trabalhar com rapidez exemplar, com a intenção de compensar, não apenas cinqüenta dias, mas cinqüenta anos perdidos. Em duas semanas, Balcerowicz apresentou aos ministros das finanças do mundo ocidental, em uma reunião do FMI em Washington, o esboço do plano "para transformar a economia polonesa em uma economia de mercado". Três meses depois, no dia 17 de dezembro, ele enviou ao Parlamento polonês um orçamento equilibrado e um pacote de onze leis destinadas a estabelecer as fundações da economia polonesa para o próximo meio século. Embora fosse época de Natal e os parlamentares resmungassem, eles conseguiram examinar e aprovar as medidas em apenas doze dias, para que o *big band* da Polônia pudesse começar no primeiro dia da nova década. Nos intervalos, faziam fila para receber a tradicional hóstia de Natal das mãos do primaz, cantando canções de Natal enquanto esperavam. O jornal do Solidariedade, *Gazeta Wyborcza*, registrou que os deputados do Partido cantavam mais alto que todo o mundo. Ah, claro, e já que estavam com a mão na massa, aproveitaram para tirar o Popular do nome do Estado — mudando-o de volta para o tradicional República Polonesa — e também recolocaram a coroa em cima da águia polonesa.

O teste mais importante da transição econômica estava ainda por vir. Mas a primeira fase da transição *política* foi notavelmente pacífica, pragmática e harmoniosa. Depois de lutarem um contra o outro por quase dez anos, os líderes do Solidariedade e do Partido trabalhavam agora lado a lado sem muito mais rancor do que o existente entre os jogadores de dois times de futebol rivais. A maior parte da burocracia central permaneceu em seus postos, e trabalhou lealmente, até avidamente, para os novos patrões.

Como descobri ao visitar meu amigo Henryk Woźniakowski, um intelectual católico que fora catapultado para o posto de porta-voz interino do governo — três telefones na escrivaninha, a secretária dizendo "*Panie Dyrektorze!*" — a única grande inovação introduzida no edifício do Conselho de Ministros foi a criação de uma sala para tênis de mesa. Era como havia dito Wałęsa: "Pode não ser melhor, mas pelo menos vai ser muito mais divertido...". No refeitório era difícil distinguir entre a *nomenklatura* e os funcionários do Solidariedade, exceto, talvez, que os últimos pareciam estar menos à vontade de terno e gravata. ("Isso rouba metade da minha capacidade intelectual", disse Jacek Kuroń, e voltou às camisas abertas e aos jeans.)

Em apenas três meses, a política polonesa tornou-se repentinamente normal, e não "normalizada". Em vez da conhecida cena política dos anos 80, com seus três grandes atores — Autoridades, Solidariedade e Igreja —, havia um novo cenário em que os atores principais eram o Governo, o Parlamento, a Presidência e, como coringa e presidente-à-espera, Lech Wałęsa. E o governo havia começado a governar. Isso pode parecer banal, mas não acontecia na Polônia há pelo menos cinqüenta anos.

Muitos observadores sugeriram que o caráter sindical e de movimento de trabalhadores da oposição polonesa — do Solidariedade — seria uma grande desvantagem quando chegasse a hora de fazer a transição para a economia de mercado. Pois as pessoas que mais sofreriam com essa transição seriam, precisamente, os trabalhadores, e principalmente os trabalhadores não-qualificados dos grandes conglomerados deficitários que haviam sido os bastiões do Solidariedade. Na segunda metade de 1989, porém, o contrário parecia ser o caso. Como sindicato, o Solidariedade estava então enfraquecido, e seus filiados mal chegavam a 2 milhões no final do ano. Mas a herança do Solidariedade era uma vantagem inestimável.

O primeiro-ministro, o ministro do Trabalho, o líder do Clube Parlamentar dos Cidadãos, o editor-chefe da *Ga-*

zeta Wyborcza, para não falar de Lech Wałęsa, eram indiscutivelmente homens do Solidariedade. Se eles agora apelassem aos trabalhadores — "Não façam greve! Aceitem o fechamento de fábricas! Concordem com um corte real dos salários!" — teriam maiores probabilidades de serem ouvidos que qualquer outro, só porque os trabalhadores sabiam que aqueles homens, mais que quaisquer outros, haviam lutado pelos direitos deles nos últimos dez anos. Jacek Kuroń, em especial, fez apelos maravilhosamente diretos e animadores ao público em apresentações semanais na televisão. (Como dissera na reunião antes das eleições: melhor a TV que a Zomo.) Durante os primeiros meses de existência, o governo Mazowiecki viu-se na singular posição de ver a sua popularidade crescendo à medida que aumentavam os preços. Segundo uma pesquisa feita em 4 de janeiro de 1990, 57% dos pesquisados achavam que o governo era "bom ou ótimo", enquanto não menos de cinqüenta por cento declaravam estar então a favor do "tratamento de choque" proposto para a economia. Se essa popularidade sobreviveria ao choque era, claro, outra questão.

Em um dia de outubro uma atriz belíssima chamada Joanna Szczepkowska foi convidada a aparecer no noticiário da televisão polonesa. Ela tinha um comunicado a fazer. "Senhoras e senhores", disse ela, "no dia 4 de junho de 1989, acabou o comunismo na Polônia". Era agradável ouvir uma moça bonita dizer aquelas coisas, especialmente no noticiário da televisão polonesa. Mas seria verdade? "Não sei se eu teria feito uma comunicação dessas", disse o sábio professor Geremek, "mas é a pura verdade, e estou inteiramente de acordo com ela". No momento não sabíamos disso, embora talvez o farejássemos. Mas, agora, em janeiro de 1990, podemos ver que aquele foi um momento decisivo. Dizer que o comunismo acabou na Polônia naquele dia foi um exagero poético. Mas o fim do comunismo na Polônia decorreu diretamente do voto livre do povo polonês naquele glorioso 4 de junho. E talvez não só na Polônia...

BUDAPESTE

O ÚLTIMO FUNERAL

Na Polônia foi uma eleição. Na Hungria, um funeral: o de Imre Nagy, exatos 31 anos depois de sua morte. Precisamente um ano antes, no dia 16 de junho, quando fizeram uma manifestação para marcar o aniversário da execução de Nagy, os ativistas de oposição haviam sido violentamente dispersados pela polícia. Agora, os mesmos policiais ajudavam os ativistas de oposição a organizar um novo enterro, cerimonial, para o herói de 1956.

Todos sabem que os tanques russos esmagaram aquela revolução, estabelecendo o padrão das reações soviéticas (e das não-reações ocidentais) às revoluções no Leste europeu nos trinta anos seguintes. Mas os húngaros lembravam-se da perfídia especial da execução de Nagy: como ele havia sido atraído para fora do seu refúgio na embaixada iugoslava por uma solene garantia escrita de János Kádár, apenas para ser levado pelas forças de segurança soviéticas, deportado para a Romênia, devolvido para a Hungria, mantido em confinamento solitário, submetido a uma grosseira paródia de julgamento e depois enforcado. Lembravam-se também de que maneira, durante trinta anos, o homem diretamente responsável pela execução de Nagy, János Kádár, o Estado e o Partido que ele liderava, os jornais e os livros escolares só mentiam, mentiam, mentiam sobre tudo o que havia acontecido. Tratava-se de uma lembrança popular ainda mais poderosa pelo fato de ter sido reprimida por tanto tempo.

Um dos poucos acusados no julgamento de Nagy que sobreviveram e continuaram a viver em Budapeste até hoje foi Miklós Vásárhelyi. De voz suave, sorridente e ligeiramente encurvado, Vásárhelyi fora conselheiro e assessor de imprensa de Nagy durante a revolução. Nos anos 80 ele transformou-se em uma espécie de estadista veterano para a incipiente oposição democrática, bastante conhecido dos visitantes ocidentais, mas sempre em contato com membros graduados do Partido. Juntamente com parentes dos homens executados e outros insurgentes e ativistas que haviam sobrevivido à prisão, ele observava e esperava. Fazendo amizade com um guarda de prisão, ele ficou sabendo que os restos mortais de Nagy e seus companheiros haviam sido enterrados em uma cova anônima da Quadra 301, no canto mais remoto de um cemitério de periferia. Enquanto János Kádár tivesse o controle total da situação, não haveria chances de se fazer justiça, nem mesmo retrospectivamente: reabilitar Nagy seria o mesmo que acusar Kádár. De fato, segundo uma fonte geralmente confiável, quando dois dos protegidos de Kádár tentaram convencê-lo a renunciar, ele gritou-lhes: "Vocês sabem o que aconteceria! Em dois meses eles reabilitariam László Rajk e, em um ano, Imre Nagy!". Embora o Ocidente o elogiasse, e o mundo tivesse há muito esquecido aquela história antiga, Kádár lembrava-se. Ele era Macbeth, e Nagy era Banquo.*

Na primavera de 1988, quando ficou claro que Kádár estava de saída, os parentes e sobreviventes fundaram um Comitê pela Justiça Histórica. No trigésimo aniversário do assassinato, eles fizeram uma pequena e digna cerimônia na Quadra 301, mas a manifestação que se seguiu no centro da cidade foi dissolvida pela polícia. Mesmo assim, os novos líderes do Partido perceberam a importância de reabilitar

(*) Após testemunhar o assassinato do rei por Macbeth, Banquo é morto por este. Na peça, Shakespeare faz com que o fantasma de Banquo atormente seu assassino. (N. E.)

Nagy, se quisessem conquistar qualquer credibilidade duradoura. Se não o fizessem, a sombra de 56 estaria sempre com eles. De modo que em janeiro o governo anunciou que decidira permitir a exumação, a identificação e o enterro decente dos restos. Dois dias depois, Imre Pozsgay forçou novamente o ritmo das mudanças políticas ao passar por cima dos resultados de um subcomitê do Comitê Central estabelecido para reavaliar os últimos quarenta anos (!), anunciando que 1956 não fora, como se afirmava anteriormente, uma "contra-revolução", mas antes "um levante popular contra um governo oligárquico que havia envilecido a nação".

Mas não foi o Partido, nem a liderança do governo, que organizou o novo enterro. Foi o Comitê pela Justiça Histórica, associado aos principais grupos de oposição (mas também consultando em particular Pozsgay e outros importantes políticos reformistas). O Comitê declarou que aquele seria o dia do "enterro cerimonial e da ressurreição política" de Imre Nagy. Fez um apelo solene à calma e à dignidade. Ninguém deveria levar faixas com dizeres políticos, apenas bandeiras nas cores nacionais ou negras. A ocasião não deveria ser explorada para perturbações de nenhum tipo.

Assim mesmo, nos dias que antecederam a cerimônia houve muito nervosismo entre os funcionários da República Popular da Hungria. Estavam com medo dos populares.

Praça dos Heróis, 16 de junho de 1989. As grandiosas colunas neoclássicas estavam envoltas em tecido negro. Enormes bandeiras nacionais vermelhas, verdes e brancas pendiam das colunatas — todas, porém, com um buraco no meio, um lembrete de como os insurgentes de 1956 haviam arrancado o martelo e a foice das bandeiras. Chamas cerimoniais ardiam ao lado dos seis ataúdes colocados nas escadarias da Galeria de Arte, que parece um templo; cinco ataúdes com nomes para Nagy e seus colaboradores mais próximos; e um sexto, simbólico, para o Insurgente Desconhecido. Uma estrutura de madeira envernizada em forma de proa de escuna projeta-se para a frente a um lado. Todo o cenário foi projetado pelo ativista de oposição e arquiteto László Rajk, filho da vítima de uma das mais notórias farsas judiciárias stalinistas — mais um simbolismo oculto. Quase na esquina da praça está a embaixada iugoslava, onde Nagy refugiou-se em vão.

Alto-falantes emitem música fúnebre enquanto as pessoas fazem fila sob o sol escaldante para depositar flores em tributo aos seus mártires. Primeiro vieram cidadãos comuns, que deixavam em silêncio um ou dois cravos. A seguir chegaram as delegações oficiais com coroas grandes, formais: conselhos locais, clérigos, diplomatas, uma delegação de Varsóvia para a Solidariedade Húngaro-Polonesa e veteranos políticos reformistas do Partido húngaro, representando formalmente o governo e o Parlamento, mas não — enfaticamente não — o Partido como tal.

Depois vieram os discursos, inclusive uma velha gravação de um dos apelos de Nagy transmitidos pelo rádio em 1956. "Acabaram de ouvir as palavras de Imre Nagy", diz a remota figura de Miklós Vásárhelyi no púlpito em forma de proa de escuna, e evoca o momento mágico antes da segunda e última intervenção soviética (4 de novembro), "quando as armas ficaram em silêncio, e o sangue fraterno deixou de ser derramado, e teve início o processo de reconciliação e transformação democrática". Ele pede "tolerância mútua e indulgência para com aqueles que pensam de maneira diferente, pois só assim poderemos... garantir a transição pacífica para uma sociedade européia, moderna, livre e democrática".

"A liberdade para a Hungria surgirá a partir do sangue desses heróis?", pergunta Sándor Rácz, líder do Conselho Operário de Budapeste em 1956. Existem, diz ele, três obstáculos. O primeiro é a presença de tropas soviéticas em solo húngaro. Depois vem o partido comunista, agarrado ao poder. Por último, está a fragmentação da sociedade. Outro sobrevivente convida todos a darem-se as mãos e declamar as palavras de Sándor Petőfi, o poeta de 1848: "Nunca mais seremos escravos!", "Nunca mais seremos escravos!", entoam todos.

Todavia, a multidão de cerca de 200 mil pessoas continua tranqüila e contida quando o último orador sobe à tribuna. "Cidadãos!", exclama Viktor Orbán, dos Jovens Democratas, com seus cabelos negros, "Há quarenta anos, mesmo sob a ocupação soviética e a ditadura comunista, a nação húngara por uma vez teve a chance, e a força e a coragem, de tentar realizar as metas de 1848..." "Nós, os jovens", continuou, "não conseguimos entender a geração mais velha... Não entendemos que precisamente o mesmo partido e os mesmos líderes de governo que nos mandaram aprender em livros nos quais se falsificava a história da revolução agora se acotovelam para tocar estes ataúdes como se fossem amuletos. Não achamos que há qualquer razão para ficarmos gratos por nos terem permitido enterrar os nossos mortos martirizados. Não devemos agradecimentos a ninguém pelo fato de as nossas organizações políticas poderem funcionar hoje". As pessoas aplaudem, como se isso fosse o que estavam esperando. "Se pudermos confiar em nossas almas e em nossa força, poderemos pôr um fim à ditadura comunista; se formos determinados o bastante, poderemos forçar o Partido a submeter-se a eleições livres; e se não perdermos de vista os ideais de 1956, então seremos capazes de eleger um governo que iniciará imediatas negociações para uma rápida retirada das tropas soviéticas." A multidão é finalmente levada a um fervoroso e prolongado aplauso. Tudo é mostrado ao vivo na televisão nacional.

Mais tarde, um grupo mais reduzido vai de ônibus ao cemitério de periferia, onde, a pedido dos parentes, os mártires serão enterrados novamente, no mesmo lugar em que estiveram incógnitos por quase trinta anos. Eu vou em companhia de alguns Jovens Democratas e de Adam Michnik, que está aqui para representar a Solidariedade Húngaro-Polonesa. O incorrigível Michnik faz alegremente o V da vitória da janela do ônibus, e dois Jovens Democratas, de maneira um tanto quanto constrangida, seguem o exemplo dele. A maior parte dos passantes parece espantada, mas alguns acenam de volta, sorrindo furtivamente.

Eu visitei a agora legendária Quadra 301 logo depois da cerimônia do ano passado. Ainda tenho as minhas fotografias de amador do grande monte de entulho que ocupava então o terreno, que agora está finalmente preparado para um enterro decente. Abriram uma passagem nova para a Quadra 301, ladeando-a com uma guarda de honra. Ao longo da beira empoeirada do caminho aberto com escavadeiras, os homens em seus uniformes marrom e vermelho parecem fora de lugar em cima dos blocos de concreto, como soldadinhos de chumbo com pedestal e tudo. Em torno à quadra, nos lugares em que um corpo podia ser identificado, foram erigidas toscas lápides de madeira, com as partes superiores talhadas não em cruzes, mas segundo tradicionais formas húngaras. Há uma atmosfera curiosa aqui, em parte porque as pessoas em torno mantêm conversas políticas mais ou menos banais enquanto os oradores falam sem parar, mas também devido à ausência quase total de simbolismo, ritual ou linguajar cristãos.

Diz-se com freqüência que Nagy declarou em seu julgamento: "Fico imaginando se as pessoas que agora me condenam à morte não serão as mesmas que me reabilitarão depois". Miklós Vásárhelyi atesta que isso é um mito. O que Nagy disse na verdade é que as últimas palavras naquele caso seriam ditas pelo povo húngaro, pela história e pelo movimento operário internacional. Bom, o movimento operário internacional não existe mais, mas o povo húngaro e a história falaram. Segundo as informações que foram reunidas mais tarde por Vásárhelyi junto aos seus colegas prisioneiros e ex-carcereiros, Imre Nagy passou a maior parte da sua última noite escrevendo. "A carta ou as notas dele nunca foram mandadas para a esposa. Tudo o que ela recebeu da prisão foi uma aliança de casamento, que mais tarde se descobriu ser falsa."

*

Um nome não é mencionado em nenhum dos discursos, embora esteja na lembrança de todos. É o de Janós Kádár, lembrado não como o líder do país comunista "liberal" favorito do Ocidente nos anos 70, mas como o traidor que à frente dos tanques soviéticos derrubou Nagy, como o homem diretamente responsável pelo assassinato de Imre Nagy. Onde está ele hoje, aquele velho rei doente? Será que está acompanhando o enterro pela televisão? Será que ele está vendo o fantasma de Banquo, exposto em câmara ardente na Praça dos Heróis? Este não é o funeral de Imre Nagy. É a sua ressurreição, e o funeral de János Kádár.

Foi isso que eu achei na época. No dia seguinte correram rumores de que Kádár e a esposa haviam cometido suicídio quando Imre Nagy foi finalmente posto para descansar. Na verdade, Kádár morreu três semanas depois, no mesmo dia em que a Suprema Corte húngara anunciou a plena reabilitação legal de Imre Nagy. Shakespeare não teria arriscado uma ironia trágica tão brutal. Kádár foi enterrado no cemitério Kerepesi, em um "panteão do movimento operário". Perto dele estão os corpos dos comunistas que morreram combatendo a insurreição de 1956.

O funeral húngaro foi, tal como as eleições polonesas, um marco na história do Leste europeu no pós-guerra. Marcou claramente o fim do período pós-1956, que está indissoluvelmente ligado ao nome de Janós Kádár. Kádár morreu com a sua época. O que não ficou tão claro era de que ele marcava o início.

As reações ao funeral foram desencontradas. Alguns membros do setor mais radical da oposição sentiam que o Comitê pela Justiça Histórica fizera concessões demais aos comunistas reformistas. Embora os parentes e amigos de Nagy tivessem realmente organizado o evento, este quase adquiriu o caráter de um funeral com honras de Estado.

Importantes reformistas do Partido como Imre Pozsgay, o primeiro-ministro Miklós Németh e o presidente do Parlamento Mátyás Szűrös puderam revezar-se na guarda ao ataúde de Imre Nagy. Parecia até que as autoridades tinham conseguido reivindicar a revolução para si.

Aqueles que tinham um direito indiscutível à herança de Imre Nagy ficaram menos ofendidos. "Tente ser feliz conosco", censurou-me gentilmente o escritor Árpád Göncz. E a experiência mais tocante de todas não foi a cerimônia grandiosa, nem o sepultamento, mas uma festa no apartamento de Miklós Vásárhelyi com um pequeno círculo de parentes, amigos e sobreviventes, alguns dos quais retornavam a Budapeste pela primeira vez em mais de trinta anos. Exteriormente era apenas um tranqüilo coquetel. Mas o profundo brilho interior de satisfação não tinha igual, a não ser, talvez, a sensação de ter eleito o Solidariedade para o Parlamento. Eles tinham vivido para ver o dia. E se, politicamente, era melhor para Imre Pozsgay forçar o ritmo das reformas no interior do Partido, ora, isso também era bom. Pois eles não estavam tão dispostos quanto os irados Jovens Democratas a dizer que mesmo um Partido radicalmente reformado não teria qualquer papel na transformação da Hungria. Imre Nagy era, afinal de contas, um comunista.

Uma amiga historiadora, em compensação, descreveu o evento da Praça dos Heróis como uma "farsa". Ela o comparou às cerimônias de quase um século antes, quando o herói de 1848, Lajos Kossuth, foi enterrado com honras por um governo que ele abominava. Havia algo de verdade nisso, também. Por isso, era curioso ver, por exemplo, o historiador e presidente da Academia Húngara de Ciências, professor Iván T. Berend, apresentando conspicuamente suas homenagens aos ataúdes. Claro, tratava-se de um homem astuto, que tentara chegar tão perto da verdade quanto fosse compatível com uma carreira fulgurante no *establishment* kadarista oficial. Ele presidiu o subcomitê do Partido que deu início à reabilitação oficial de Nagy. Havia muitos piores que ele. Mas o que teria ele dito alguns anos antes a um membro da Academia que propusesse dizer publicamente o que todos estavam agora dizendo? "Os tempos ainda não estão maduros?" Evidentemente, os afortunados ocidentais não estão em condições de passar julgamento, pois quem sabe como você ou eu nos comportaríamos em tais circunstâncias? Mas isso não é motivo para ignorar todas as diferenças. A justiça histórica, bem como a traição, é uma questão de datas:

Aliar-se então à Verdade é nobre, quando partilhamos sua triste crosta
Antes que sua causa traga fama e proveito, e seja próspero ser justo.

As dúvidas mais prementes diziam respeito às reações por todo o país. Nesse ponto alguns temiam — ou esperavam, de acordo com o ponto de vista — que a própria manifestação contida do sentimento popular indicasse um profundo e apático resíduo de ceticismo, inércia e suspeita em relação a qualquer tipo de política. Outros diziam que o impacto a longo prazo do evento, e acima de tudo sua transmissão em cadeia nacional de televisão, não podia ser subestimado. Esse impacto, sugeriam, romperia uma crucial barreira de medo. E então as emoções e as memórias que as pessoas haviam reprimido por metade de uma vida ressurgiriam com sede de vingança. A avaliação mais otimista era feita pelo polêmico Jovem Democrata Viktor Orbán. O funeral de Imre Nagy seria para a Hungria, disse ele, o mesmo que a primeira visita do papa João Paulo II fora para a Polônia. Limpar o terreno para um Solidariedade húngaro? Na verdade, não se realizaram nem as maiores esperanças, nem os maiores temores. Não houve mobilização social de massa. A participação ativa na política continuou em grande parte confinada à intelectualidade. Mas as coisas também não aconteceram do modo que pretendiam os reformistas do Partido. Em uma sessão plenária do Comitê Central, uma semana depois do funeral de Nagy, eles efetivamente derrubaram Károly Grósz (saudado apenas um ano antes pela sra. Thatcher como um homem à imagem dela mesma), substituindo-o por um *presidium* de quatro, no qual ele constituía uma minoria de um, ao lado de Pozsgay, Németh e o veterano reformador econômico Rezsó Nyers. Foi este último, e não Grósz, quem representou a Hungria em uma conferência de cúpula do Pacto de Varsóvia em Bucareste. O plenário anunciou também a data para uma conferência extraordinária do Partido: 7 de outubro. Mas a história dos poucos meses que se seguiram não foi apenas a da batalha no interior do Partido. Além das lutas externas que aconteciam principalmente nos meios de comunicação, e de uma série de eleições complementares vencidas por candidatos oposicionistas, a história desse período foi acima de tudo a das negociações imensamente complexas e bizantinas entre o Partido (na medida em que se podia ainda falar de um único Partido) e os variadíssimos grupos de oposição.

Essas negociações poderiam ser descomprometidamente comparadas à Mesa Redonda polonesa. Mas enquanto o Partido polonês negociava com o Solidariedade *em* uma Mesa Redonda, o Partido húngaro estava negociando *com* uma Mesa Redonda. A Mesa Redonda de Oposição era uma organização abrangente que agrupava os partidos e grupos de oposição mais importantes. Foi fundada logo depois da manifestação do aniversário de 15 de março, que mostrara o quão eficazes podiam ser as ações conjuntas, e era coordenada por um pequeno grupo independente aceitável para todos, o Fórum dos Advogados Independentes. Passaram algum tempo discutindo com as autoridades apenas sobre a forma da mesa. As autoridades queriam uma redonda, ao estilo polonês. A Mesa Redonda da Oposição, por já ser redonda, queria uma retangular, de dois lados: nós e eles. Chegaram a um compromisso com uma de três lados, reservando o terceiro lado para os representantes daquilo que na Inglaterra é chamado de "quangos" [das iniciais em inglês de "quasi non-governmental organizations" — organizações governamentais quase autônomas], embora no caso húngaro o nome mais apropriado talvez fosse "quapos" — organizações quase autônomas em relação ao Partido. As conversações eram presididas por Mátyás Szűrös, presidente do Parlamento, que se sentava sozinho no quarto lado.

Começaram em 13 de junho, três dias antes dos funerais de Nagy. Iniciando a discussão em nome da oposição, o advogado Imre Konya disse: "Precisamos agora levar a cabo pacificamente a tarefa de três revoluções húngaras frustradas". De acordo com o calendário, essas conversações duraram pouco mais de três meses, um mês a mais que as da Polônia. Mas isso incluiu um mês de interrupção em agosto, em parte porque as conversações haviam chegado a um impasse, mas talvez também porque fosse a época das férias. Assim como na Polônia, durante esse período a Mesa foi efetivamente a mais alta instância política no país.

Um acordo foi finalmente assinado a 18 de setembro. Tal como o acordo da Mesa Redonda polonesa, era um documento complexo, que incluía uma série de projetos de lei e emendas à Constituição sobre matérias que iam dos procedimentos eleitorais e a condição dos partidos políticos até mudanças no código penal. Ao contrário do polonês, o acordo húngaro previa eleições parlamentares inteiramente livres. Antes dessa eleição livre, contudo, o presidente seria eleito pelo antigo Parlamento, comprometido e ainda amplamente conformista. De certo modo semelhante ao da Polônia, onde houve um entendimento feito de acenos de cabeça e piscadelas de que a tarefa caberia a Jaruzelski, no acordo húngaro subentendia-se que a tarefa caberia provavelmente a Imre Pozsgay. Mas os grupos de oposição mais claramente anticomunistas, os Democratas Livres (herdeiros da primeira oposição democrática), os Jovens Democratas e os Sindicatos Independentes, romperam o consenso antes que a tinta secasse. Esses três grupos recusaram-se até mesmo a assinar o acordo.

Para reforçar sua posição, os Democratas Livres organizaram rapidamente uma campanha de rua que logrou obter cerca de 200 mil assinaturas para uma petição que pedia um plebiscito sobre quatro questões, das quais a mais importante era a proposta de adiamento da eleição presidencial para depois da eleição para o Parlamento. O Partido fez então uma bela manobra diversionista, propondo que o presidente não fosse eleito pelo Parlamento, mas por uma eleição direta, a qual eles acreditavam que Imre Pozsgay tinha ainda alguma chance de vencer. Os Democratas Livres não quiseram nem saber disso. No entanto, ao mesmo tempo que a campanha deles parecia estar dirigida principalmente contra os comunistas, ela era de fato dirigida, quase na mesma proporção, contra seus principais rivais na oposição, o Fórum Democrático Húngaro. Ao longo da campanha, os Democratas Livres conseguiram ao mesmo tempo aumentar o número dos seus filiados e estabelecer suas credenciais anticomunistas junto a um público mais amplo. Pondo tudo na balança, os partidos de oposição estavam de certo modo mais ocupados lutando uns contra os outros do que contra os comunistas.

Isso pode parecer uma tolice — num momento em que, ao contrário da Polônia, os comunistas ainda estavam no governo —, mas estava de acordo com uma estimativa aproximada da verdadeira relação de forças no país. E depois de 7 de outubro as pessoas podiam muito bem perguntar-se: "Quais comunistas?". Pois, na primeira noite do seu congresso, o Partido Socialista dos Trabalhadores Húngaros se dissolveu, desfez-se dos Trabalhadores e retomou as deliberações como Partido Socialista Húngaro. Isso parecia um triunfo dos reformistas. Mas o número de filiados ao novo partido velho crescia muito lentamente, chegando a pouco mais de 50 mil no fim do ano. Enquanto isso, o velho partido comunista renovado ressurgiu, chamando a si mesmo, em desafio, Partido Socialista dos Trabalhadores Húngaros, e liderado por ninguém menos que Károly Grósz.

No dia 18 de outubro o Parlamento foi em frente e

aprovou as emendas constitucionais sobre as quais supostamente se chegara a um acordo nas conversações com a Mesa Redonda de Oposição. A mais dramática delas retirava o Popular do nome do Estado, e mudava o preâmbulo da Constituição para que passasse a declarar que "a República Húngara é um Estado democrático independente baseado no domínio da lei, em que os valores da democracia burguesa e do socialismo democrático são igualmente reconhecidos". (De maneira que aqui o socialismo conseguiu passar.)

Ao meio-dia de 23 de outubro, no aniversário do início da revolução de 1956, Mátyás Szűrös proclamou formalmente a nova República Húngara, dos balcões do magnífico edifício do Parlamento, às margens do Danúbio. Começou dizendo, sob fortes aplausos, que a nova Constituição era "motivada pelas lições históricas do histórico levante e movimento de independência nacional de outubro de 1956". Mas logo depois ele cometeu um terrível erro de julgamento, declarando, "Continuamos a considerar o desenvolvimento tranqüilo e equilibrado das nossas relações com o nosso grande vizinho, a União Soviética, como sendo do interesse nacional do nosso país". Palavras bem verdadeiras, talvez, mas não exatamente apropriadas para a ocasião. A multidão assobiou e vaiou. À noite, três marchas memoriais separadas juntaram-se diante do Parlamento para uma celebração genuinamente livre e independente, com discursos de anciãos que haviam passado longos períodos na prisão, e de jovens trepados em estátuas.

Depois disso, voltou-se à política normal. Os Democratas Livres conseguiram o plebiscito que queriam, vencido por margem estreita, e conseqüentemente a eleição presidencial foi adiada para depois das eleições parlamentares livres, prevista para 25 de março de 1990. O cenário político estava tão confuso que quando os pesquisadores incluíram em um dos seus levantamentos o nome de um partido totalmente fictício, o Partido Democrático Húngaro, 12% dos pesquisados afirmaram apoiá-lo.

A Hungria, assim, fez as coisas em uma ordem diferente da Polônia. Com efeito, ela teve uma política multipartidária antes de ter democracia. O governo era ainda amplamente composto por membros do velho Partido novo. A Polônia, em compensação, tinha um governo em grande medida não-comunista, mas uma política limitada, de frente popular, de coalizão. Nos meses e anos que estão por vir, os dois países ficarão com certeza tentando passar um à frente do outro, em uma disputa pelas atenções do Ocidente. Mas duas coisas eles têm em comum. Em ambos, a política relativamente prolongada da "refolução" aprofundou a crise econômica, que fora originariamente um fator determinante para precipitar a crise. Mas também, nos dois países, a ruptura política chegou inconfundivelmente. Na Hungria talvez não tenha havido um momento único em 1989 tão decisivo quanto o da eleição de 4 de junho na Polônia. Mas em matéria de simbolismo e de emoção, os funerais de 16 de junho chegaram bem perto disso.

Um dia antes do funeral encontrei um dos sobreviventes, o velho Árpád Göncz, encurvado e encantador. "Sabe", disse ele, "estou feliz por ter vivido para ver o fim desse desastre, mas quero morrer antes de ver o começo do próximo". O pessimismo húngaro é tão incurável quanto o otimismo polonês, mas ambos têm a mesma dose abundante do maior recurso natural da Europa Central: a ironia.

BERLIM

O FIM DO MURO

Houve uma época, e foi uma época muito ruim, em que havia uma famosa plataforma em Berlim Ocidental à qual se levavam os visitantes ilustres para que eles vissem o Muro. Presidentes americanos, de Kennedy a Reagan, estiveram naquela plataforma olhando para a terra de ninguém que se estendia logo adiante. Diziam-lhes que aquela, a Potsdamer Platz, fora outrora a mais movimentada praça de Berlim, o Piccadilly Circus de lá. Seus anfitriões apontavam para uma elevação coberta de grama no lado mais afastado: os restos do *bunker* de Hitler. Guardas de fronteira alemães-orientais olhavam impassivelmente, ou andavam para lá e para cá na faixa da morte em suas motocicletas militares.

Na manhã do domingo, dia 12 de novembro, eu atravessei o Muro e aquela terra de ninguém a pé, junto com uma multidão de berlinenses orientais, com uma torre de vigia à nossa esquerda e o *bunker* de Hitler à direita. Espantados guardas de fronteira faziam sinal para que passássemos. (Recentemente, ainda em fevereiro, colegas desses mesmos guardas haviam matado a tiros um homem que tentava escapar.) Segmentos verticais do Muro estavam espalhados por onde as gruas os haviam jogado, com os *graffiti* coloridos virados para o leste pela primeira vez. Uma multidão de berlinenses ocidentais aplaudiu quando terminamos a travessia, e um homem distribuía mapas grátis da cidade. Então fiz meia-volta e fui de novo para o outro lado, passando por mais guardas de fronteira e espantados funcionários de alfândega. À minha frente, notei um homem alto vestindo um uniforme verde desconhecido, que descobri ser o comandante das forças americanas em Berlim, um certo general Haddock.

Quando caiu a noite, operários de Berlim Ocidental haviam desmontado a famosa plataforma, como se fosse uma parte desnecessária de um cenário. A *Ratoeira* da Europa saía de cartaz, após 28 anos. Preparem o palco para outro espetáculo.

Todos viram as imagens da alegre celebração em Berlim Ocidental, as vastas multidões interrompendo o trânsito na Kürfurstendamm, rolhas de *Sekt* espoucando, estranhos abraçando-se em lágrimas — a maior festa de rua da história do mundo. Sim, foi assim mesmo. Mas não foi só assim. A maior parte dos 2 milhões de berlinenses orientais que, segundo estimativas, inundaram Berlim Ocidental no fim de semana ficou apenas andando pelas ruas em tranqüilos grupos familiares, muitas vezes com bebês em carrinhos. Fizeram filas nos bancos para receber os cem marcos da Alemanha Ocidental (cerca de sessenta dólares americanos) de "dinheiro de boas-vindas", oferecidos pelo governo da Alemenha Ocidental para os visitantes da Alemanha Oriental, e depois foram, com muita cautela, fazer compras. Em geral compravam uma ou duas coisinhas, talvez umas frutas frescas, um jornal ocidental e brinquedos para as crianças. Então, agarrados às sacolas, voltaram tranqüilamente a pé ao outro lado do Muro, pelas ruas cinzentas e desertas de Berlim Oriental, para casa.

É muito difícil descrever a qualidade dessa experiência, porque na verdade o que eles fizeram foi extraordinariamente banal. De fato, eles apenas pegaram um ônibus em Hackney ou em Dagenham até Piccadilly Circus, e foram fazer compras no West End. Berlinenses andando pelas ruas de Berlim. O que poderia ser mais normal? E no entanto, o que poderia ser mais fantástico! "Vinte e oito anos e 91 dias", diz um homem de trinta e muitos anos, voltando a pé pela Friedrichstrasse acima. Vinte e oito anos e 91 dias desde a construção do Muro. Naquele dia, em agosto de 1961, os pais dele queriam ter ido ver um filme de faroeste em uma sessão tardia de um cinema de Berlim Ocidental, mas o filho de onze anos deles estava cansado demais. De madrugada, eles acordaram com o barulho dos tanques. Ele nunca mais fora a Berlim Ocidental, desde aquele dia. Um chofer de táxi me pergunta, com um sorriso malicioso: "Quanto custa a balsa para a Inglaterra?". Anteontem, a pergunta dele teria sido impensável.

Todo o mundo, mas todo o mundo nas ruas de Berlim Oriental acaba de voltar ou está indo para Berlim Ocidental. Um casal vestido com jaquetas de brim, sem fôlego, pára-me na rua para perguntar: "A saída é por aqui?". Vieram às pressas de Leipzig. "Estamos com o coração como se fosse um tamborim", dizem, no carregado dialeto saxônico. Todos parecem iguais ao voltar para casa, exceto pelas denunciadoras sacolas ocidentais. Mas todos mudaram no íntimo, mudaram de maneira completa. "As pessoas agora estão ficando eretas", diz um porteiro de hotel. "Estão dizendo o que pensam. Até o trabalho está mais divertido. Acho que os doentes vão se levantar das camas dos hospitais." E foi em Berlim Oriental, mais que no lado ocidental, que o fim de semana teve aquela qualidade mágica, pentecostal, que eu experimentara pela última vez na Polônia, em 1980. Homens e mulheres comuns encontram voz e coragem — *Lebensmut*, como disse o porteiro. Esses são os momentos em que nos sentimos como se, em algum lugar, um anjo tivesse aberto as asas.

Eles podiam ser pessoas comuns fazendo coisas banalíssimas, mas os berlinenses perceberam imediatamente as dimensões históricas do evento. "É claro que o verdadeiro vilão foi Hitler", disse um deles. Um bilhete preso a um pedaço remanescente do Muro dizia: "Stalin morreu, a Europa vive". O homem que contara 28 anos e 91 dias disse-me que havia ficado muito emocionado com um cartaz improvisado no qual se dizia: "Só hoje a guerra acabou de verdade".

O jornal [sensacionalista] *Bild* — o *Sun* da Alemanha Ocidental — publicou uma faixa negra, vermelha e dourada em manchete, declarando, "Bom dia, Alemanha!", e embaixo dela uma efusiva carta de agradecimentos dos editores a Mikhail Gorbachov. Os alemães orientais também se sentiam gratos a Gorbachov. Mais importante, porém, é que eles sentiam ter conquistado aquela abertura por si mesmos. Pois foi apenas a pressão das suas pacíficas manifestações de massa que obrigou a liderança do Partido a dar esse passo. "Veja, isso mostra que Lenin estava errado", disse um trabalhador. "Lenin disse que uma revolução só podia ter êxito com violência. Mas esta foi uma revolução pacífica." E até o Comitê Central do Partido reconheceu, no início do seu Programa de Ação esboçado apressadamente, que "um movimento popular revolucionário deu início a um processo de profundas transformações sociais".

O que aconteceu? E por que tão rapidamente? Ninguém na Alemanha Oriental previu isso. Para dizer a verdade, em julho, quando as autoridades alemãs-orientais finalmente permitiram a minha volta ao país, depois de eu ter em vão solicitado um visto durante vários anos, funcionários diziam que a situação estava *sehr kompliziert* [muito complicada], abanando a cabeça. Mas os ativistas da Igreja e da oposição ainda estavam profundamente pessimistas. O Serviço de Segurança do Estado — "Stasi" — ainda parecia onipotente, e a população em geral não estava disposta a arriscar sua modesta prosperidade. Acima de tudo, as fileiras da oposição haviam sido esvaziadas continuamente pela emigração para a Alemanha Ocidental. Por tomar parte em uma manifestação, um jovem seria ameaçado com uma longa sentença de prisão; então, ele seria levado para outra sala da delegacia, na qual outro policial lhe apresentaria um pedido de emigração já inteiramente preenchido. A prisão ou o Ocidente. Como disse um amigo: "É como se nos pedissem para escolher entre o céu e a terra". "Logo", acrescentou amargamente, "não haverá ninguém mais nesse país além de uma massa de filisteus estúpidos e uns quantos idealistas loucos".

Olhando para as coisas retrospectivamente podemos ser mais perspicazes. Pelo menos, podemos fazer uma lista ordenada dos fatores que levaram a taça do descontentamento popular a transbordar. No princípio era o próprio Muro: o Muro e o sistema que este representava e preservava. O Muro não contornava toda a Alemanha Oriental, estava exatamente no centro. E passava por todos os corações. Até mesmo para as pessoas de outros países da Europa Oriental era difícil avaliar todo o peso psicológico que ele significava. Um médico de Berlim Oriental escreveu um livro sobre a verdadeira doença — e os suicídios, é claro — que resultava disso, chamado *A doença do Muro*. Em certo sentido, o mistério sempre fora por que o povo da Alemanha Oriental não se revoltava.

O segundo fator determinante, tanto no tempo como na importância, foi Gorbachov. O "efeito Gorbachov" foi mais forte na Alemanha Oriental porque esta estava mais fortemente orientada para a União Soviética, e em última instância dependia mais dela que qualquer outro país do Leste europeu. Não era à toa que uma emenda introduzida em 1974 na Constituição proclamava: "A República Democrática Alemã está para sempre e irrevogavelmente aliada à União das Repúblicas Socialistas Soviéticas". Durante anos, os jovens da Alemanha Oriental haviam escutado: *Von der Sowjetunion lernen heisst siegen lernen* — "Aprender com a União Soviética é aprender a vencer". E foi o que eles fizeram! Por vários anos os alemães-orientais usaram o nome de Gorbachov, e o exemplo da União Soviética, contra os seus próprios dirigentes. E Gorbachov deu pessoalmente o último empurrão — quando participou das comemorações do quadragésimo aniversário da RDA, no dia 7 de outubro — com sua declaração cuidadosamente calculada de que "A própria vida castiga aqueles que se atrasam", com o vazamento da informação de que ele dissera a Honecker que as tropas soviéticas não seriam usadas para a repressão interna e, segundo fontes alemãs-ocidentais bem informadas, com o seu direto encorajamento para que pessoas como Egon Krenz e o chefe do Partido em Berlim, Günter Schabowski, procedessem à deposição de Honecker.

Os exemplos polonês e húngaro não foram tão importantes. É claro que todos ficaram sabendo do que aconteceu, com muitos detalhes, pela televisão da Alemanha Ocidental, à qual assistiam todas as noites. É claro que o desenrolar dos acontecimentos nesses países demonstrou que mudanças fundamentais eram possíveis. Mas para a maioria das pessoas, a miséria econômica na Polônia cancelava amplamente o exemplo político. A Hungria — uma das destinações prediletas dos alemães-orientais em viagem de férias, com uma melhor situação econômica e uma história (e, ouso dizer, um caráter nacional) menos conflitante com a da Alemanha — a Hungria talvez tenha causado um impacto maior. Mas sua principal contribuição não foi o exemplo das suas reformas internas, mas a abertura de suas fronteiras com a Áustria.

Assim que os húngaros começaram a cortar o arame farpado da "cortina de ferro", em maio, os alemães-orientais começaram a escapar por ela. Quando os números aumentaram, e os alemães-orientais se amontoaram em campos de refugiados em Budapeste, as autoridades húngaras decidiram, no início de setembro, deixá-los sair oficialmente (suspendendo um acordo consular bilateral com a RDA). O fio d'água transformou-se em uma torrente: cerca de 15 mil alemães-orientais cruzaram a fronteira nos primeiros três dias, 50 mil até o fim de outubro. Outros procuraram uma rota de saída pelas embaixadas da Alemanha Ocidental em Praga e Varsóvia. Isso foi o catalisador final da mudança interna na Alemanha Oriental.

A atividade oposicionista protegida pela Igreja estivera crescendo durante todo o verão. Houve um acompanhamento independente das eleições locais em maio, que mostrou claramente que haviam sido manipuladas. Em junho, o enfático endosso das autoridades alemãs-orientais à repressão na China desencadeou mais uma onda de protestos. É importante lembrar que até o momento das comemorações do quadragésimo aniversário, no dia 7 de outubro, e enquanto elas aconteciam, a polícia recorreu à força, e até mesmo à brutalidade gratuita, para dissolver esses protestos e intimidar qualquer um que pudesse estar pensando em juntar-se a eles. Jovens eram arrastados pelos cabelos pelas ruas de paralelepípedos. Mulheres e crianças foram presas. Transeuntes inocentes foram espancados.

Se é possível identificar um momento decisivo, talvez tenha sido a segunda-feira, 9 de outubro, o dia seguinte à partida de Gorbachov. Desde o final do verão, as costumeiras "orações pela paz", realizadas às segundas na igreja de São Nicolau em Leipzig, eram seguidas de pequenas manifestações na Karl-Marx-Platz, ao lado da igreja. No início, a maioria dos manifestantes era composta de pessoas que queriam emigrar. No dia 25 de setembro, porém, havia entre 5 mil e 8 mil pessoas, e os pretendentes a emigrantes passaram a ser minoria, e a 2 de outubro, quando a crise da emigração aprofundou-se, o número de manifestantes aumentou para algo entre 15 e 20 mil pessoas — a maior manifestação espontânea na Alemanha Oriental desde o levante de 17 de junho de 1953. Os manifestantes cantaram a Internacional e exigiram a legalização da recém-fundada "iniciativa dos cidadãos", o Novo Fórum. Os policiais ficaram desconcertados, e em alguns lugares foram pacificamente postos fora de ação.

Contudo, na segunda-feira, 9 de outubro, depois da violenta repressão ocorrida durante as comemorações do quadragésimo aniversário dois dias antes, a tropa de choque, unidades do Exército e "grupos de combate" das fábricas estavam de prontidão para limpar a Karl-Marx-Platz, a praça Tiananmen da Alemanha Oriental. Um artigo publicado no jornal local pelo comandante de um dos "grupos de combate" dizia que eles estavam dispostos a defender o socialismo, "se necessário, de armas na mão". Mas, na ocasião, 70 mil pessoas apareceram para fazer um protesto pacífico, e dessa vez a força não foi usada para dispersá-las. (O número de 70 mil pessoas, bem como todos os demais, só pode ser considerado como uma estimativa muito grosseira, na melhor das hipóteses como uma medida de magnitude.) Foi dito, por fontes próximas ao novo líder do Partido, Egon Krenz, que este, tendo nas mãos o controle político geral das forças de segurança, tomou a corajosa e gorbachoviana decisão de não usar a força. Disseram até que ele havia ido pessoalmente a Leipzig para evitar o derramamento de sangue.

Relatos subseqüentes, feitos por aqueles que estiveram realmente envolvidos em Leipzig, contam uma história bem diferente. Segundo esses relatos, a ação decisiva foi uma iniciativa do célebre regente de orquestra de Leipzig, Kurt Masur, juntamente com um famoso artista de cabaré, Bernd-Lutz Lange, e um sacerdote, Peter Zimmermann. Eles conseguiram convencer três líderes locais do Partido a se juntarem a eles em um dramático apelo de última hora em favor da não-violência, que foi lido nas igrejas, transmitido por alto-falantes — e comunicado à polícia pelo chefe interino do Partido em Leipzig. Isso fez a diferença entre o triunfo e o desastre. Aparentemente, foi apenas mais tarde que Egon Krenz telefonou para perguntar o que estava acontecendo. Mesmo assim, esse momento foi decisivo na disputa de Krenz pelo poder. Nove dias depois ele substituiu Honecker como líder do Partido. Nesses nove dias, porém, a revolução havia começado.

Dizer que o crescimento do protesto popular foi exponencial seria um eufemismo. Foi uma explosão não-violenta. Aquelas extraordinárias, pacíficas e obstinadas manifestações das segundas-feiras à noite em Leipzig — que sempre começavam com as "orações pela paz" nas igrejas — foram crescendo semana após semana, de 70 mil para o dobro disso, daí para 300 mil e depois para talvez meio milhão. Toda a Alemanha Oriental entrou subitamente em trabalho de parto, um velho mundo — para lembrar a imagem de Marx — grávido do novo. Daquele momento em diante, o povo agiu e o Partido reagiu. "Liberdade!", exigiram os manifestantes de Leipzig, e Krenz anunciou uma nova lei de viagens. "Viagens livres!", gritaram as multidões, e Krenz reabriu a fronteira para a Hungria. "Uma sugestão para o Primeiro de Maio: que a liderança desfile para o povo", dizia uma faixa, citada pela escritora Christa Wolf, na pacífica manifestação de massas ocorrida dia 4 de novembro em Berlim Oriental. E mais líderes foram afastados. "Eleições livres!", exigiu o povo, e o Conselho de Ministros renunciou *en masse*. "Nós somos o povo", entoaram, e a liderança do Partido abriu o Muro.

A taça de amargura já estava cheia até a borda. Os anos de Doença do Muro, as mentiras, a estagnação, os exemplos soviético e húngaro, as eleições manipuladas, a violência policial — tudo isso contribuiu para enchê-la. No instante em que a repressão foi suprimida, a taça transbordou. E então, com espantosa rapidez, os alemães-orientais descobriram o que os poloneses haviam descoberto dez anos antes, durante a visita do Papa. Descobriram a solidariedade. "Viva a Revolução de Outubro de 1989", proclamava outra faixa na Alexanderplatz. E foi isso o que aconteceu: a primeira revolução pacífica na história da Alemanha.

No entanto, a abertura do Muro de Berlim, no dia 9 de novembro, e posteriormente de toda a fronteira entre as Alemanhas, mudou completamente os termos da revolução. Antes de 9 de novembro, a questão era saber como é que aquele Estado — a República Democrática Alemã — devia ser governado. Os populares estavam reivindicando o Estado dito popular. Estavam pondo o D de Democrático na RDA. Depois de 9 de novembro, a questão passou a ser a de saber se aquele Estado devia continuar existindo ou desaparecer.

Testemunhei esse momento de mudança no epicentro da revolução, em Leipzig, em uma gelada noite de segunda feira, doze dias após a abertura do Muro. Em um carro na *autobahn* (auto-estrada) dos anos 30 vindo de Berlim, ouvi no rádio um debate com um dirigente local do Partido Social-Democrata (SDP), recentemente formado. Quais são seus princípios básicos?, perguntaram-lhe. Ele respondeu de maneira um tanto vaga sobre a capacidade das camadas sociais inferiores de se auto-emanciparem, mas sem oprimir os demais por sua vez, como haviam feito os comunistas. "De modo que vocês não querem uma ditadura?", perguntou o entrevistador. "Não, não queremos uma ditadura." Muito tranqüilizador. Depois disso veio um aviso sobre o nível de dióxido de enxofre na região de Leipzig.

Atravessando a cerração (ou poluição?) gelada, achei o caminho para a abarrotada igreja de São Nicolau. Lá dentro, a homilia era sobre Caim e Abel. Não se devia permitir que as pessoas como Caim continuassem no poder, dizia o pregador. Mas elas deveriam ter a oportunidade de continuar vivendo, para se corrigirem. O tema de toda a cerimônia era a necessidade de entendimento, de tolerância, de reconcialição. No entanto, não havia muito desse espírito à mostra na vasta multidão do lado de fora, na Karl-Marx-Platz e em volta dela. Placas mostravam Erich Honecker em uniforme de prisioneiro e atrás das grades. Orador após orador denunciava os quarenta anos de mentira, corrupção, privilégios e desperdícios.

Uma fonte de palpável fascínio era o suposto abuso cometido pelos dirigentes nas transferências de moeda forte da Alemanha Ocidental. "Para onde foi toda a moeda forte?", cantavam as pessoas, com a música de "Para onde foram todas as flores?". E um orador respondeu, arrancando aplausos arrebatados, com histórias fantásticas de como os líderes do Partido haviam comprado para eles mesmos uma ilha inteira no Caribe, e de como Margot Honecker, ex-ministra da Educação e esposa de Erich Honecker, voava uma vez por semana a Paris para ir ao cabeleireiro. Outros oradores exigiam que a organização de massa da juventude, a chamada Juventude Livre Alemã, fosse dissolvida, e que o Partido deveria (como na Hungria) ser afastado dos locais de trabalho. Todos estavam de acordo sobre duas exigências centrais imediatas: eleições livres e um fim ao *Führungsanspruch* — "direito de liderança" — do Partido.

Mas isso é só metade da história. A outra metade foi expressa com grande eloqüência por alguém que se apresentou como "um simples artesão". "O socialismo não cumpriu o que prometeu", disse, e o "novo socialismo" prometido também não cumpriria. Fortes aplausos. "Não somos cobaias." Eles haviam esperado e trabalhado o bastante. Todos sabiam que uma economia de livre-mercado funciona. "Os nossos compatriotas da República Federal não são estrangeiros." Portanto, deveria haver, segundo ele, um plebiscito sobre a reunificação. Nessa altura, um pequeno grupo começou a cantar o *slogan* que já estava pintado em várias faixas: "*Deutschland, einig Vaterland!*", "Alemanha, pátria unida!" (palavras do hino "nacional" da Alemanha Oriental em virtude das quais a liderança do tempo de Honecker determinara que não se cantasse a letra do hino, mas apenas se tocasse a música). A enorme multidão começou rapidamente a cantar: "*Deutschland, einig Vaterland!*", gritavam, "DEUTSCHLAND, EINIG VATERLAND!". E eu tive que me beliscar para ter certeza de que não estava sonhando, que estava realmente parado na Karl-Marx-Platz, em Leipzig, no meio da Alemanha Oriental, enquanto 100 mil vozes gritavam, "Alemanha, pátria unida!".

Naquela multidão, deve ser dito, quase todas as tendências imagináveis (exceto o comunismo) estavam representadas. Bandeiras verdes se erguiam atrás das faixas que exigiam a reunificação, uma placa com os dizeres "Agricultores Livres" estava ao lado de uma bandeira azul e dourada da Comunidade Européia. Mas já se sentia, instintivamente, que as vozes pela reunificação prevaleceriam. Não por causa do poder do nacionalismo, mas apenas devido ao poder do bom senso. As alternativas oferecidas pelos incipientes grupos de oposição, o Novo Fórum, o SDP, o "Despertar Democrático" ou o "Democracia Já", eram vagas, incertas, apenas esboçadas. A alternativa oferecida pela Alemanha Ocidental era imediata, óbvia e esmagadoramente plausível. "Mercedes! Compre a fábrica Sachsenring!", pedia outra faixa na frente da multidão. As fronteiras estavam abertas. As pessoas tinham visto a Alemanha Ocidental — e ela funcionava.

Na subseqüente passeata pelo anel periférico da cidade, notei uma placa de compensado feita em casa carregada por um senhor de idade. Nela, estava escrito o *slogan* da revolução de outubro da Alemanha Oriental, "*Wir sind das Volk*". Só que o *das* estava riscado, e no lugar dele havia EIN, de maneira que o que se lia então não era mais "Somos o povo" e sim, "Somos uma nação". E "*Wir sind EIN Volk*" começou a substituir cada vez mais "*Wir sind das Volk*" na boca do povo. Que a maioria na Alemanha Oriental resistisse por muito tempo a uma reaproximação com a Alemanha Ocidental parecia tão provável quanto a sobrevivência do marco da Alemanha Oriental em uma concorrência livre com o marco da Alemanha Ocidental. De fato, as duas coisas estavam intimamente ligadas: a questão da moeda e a questão nacional. Pois a maioria das coisas que as pessoas comuns queriam dependia, de um modo ou de outro, da possessão de moeda forte, conversível. (Aqueles cem marcos ocidentais de "dinheiro de boas-vindas" foram logo gastos.) Outra faixa que notei na passeata declarava: "Por uma moeda conversível... Confederação

BR*D*DR" (ou seja, República Federal [da] República Democrática [da] Alemanha). O *D* central não queria mais dizer Democrática, e sim *Deutschland* — e *Deutschmark* [marco alemão]. Perguntei ao homem que carregava essa faixa por qual partido ele votaria em uma eleição livre. Ele replicou: "No meu certamente não...". Era membro do Partido de Unidade Socialista.

Essa virada dos acontecimentos — ou antes, das aspirações populares — deixou os ativistas da Igreja e da oposição que haviam liderado a revolução de outubro curiosamente desconcertados. Isso porque o ponto de partida deles sempre fora o de não querer a reunificação. Em vez disso, eles queriam trabalhar por uma República Democrática Alemã melhor, genuinamente democrática. Não consideravam a República Federal como a melhor das Alemanhas. Achavam que havia alguns valores e realizações da RDA que mereciam ser preservados: menos desigualdade e exploração que na Alemanha Ocidental, mais solidariedade humana, uma atitude mais atenciosa, elementos de algo que eles ainda queriam chamar de "socialismo". Ideologicamente, a oposição na RDA era uma mistura curiosa de revisionismo marxista, social-democracia, preocupações típicas dos movimentos verde e pacifista e protestantismo de esquerda — desde o final da década de 60 que as Igrejas Protestantes da Alemanha Oriental descreviam-se como uma "igreja no socialismo". Como disse o pastor protestante Edelbert Richter, falando em nome do grupo chamado Despertar Democrático: "Não apenas a palavra 'socialista', mas também certos princípios sociais do socialismo, ainda parecem bons para nós". Para eles — mas, e para o povo?

A relutância desses idealistas em ver a Alemanha Oriental simplesmente desaparecer em uma República Federal mais ampla — "vender-se", como diziam — não era, contudo, plenamente explicável em termos racionais e ideológicos. A emoção e a história pessoal eram igualmente responsáveis por isso. Cada um daqueles homens e mulheres fora em algum momento confrontado com a decisão de ir ou não para o Ocidente, como tantos dos seus amigos e colegas haviam feito — para fazer, por assim dizer, uma reunificação individual. Haviam decidido ficar, continuar trabalhando dentro do país por uma RDA melhor, uma Alemanha melhor. Um amigo íntimo meu, um pastor, de fato *voltou* para a Alemanha Oriental depois da construção do Muro. "As pessoas vão precisar de mim aqui", disse. E elas certamente precisaram.

Será que eles teriam que admitir agora que tudo fora em vão? "Não quero dizer que esses quarenta anos foram simplesmente desperdiçados", observou Bärbel Bohley, um artista e figura importante do Novo Fórum, "pois nesse caso eu poderia ter ido embora há vinte anos". Já em janeiro de 1990 eles começaram a olhar para o mês entre 9 de outubro e 9 de novembro como um momento irrecuperável, um breve florescimento de coragem cívica, maturidade pacífica e auto-organização social que havia sido frustrado, não por um vento frio do Leste, mas pela aragem cálida e perfumada do Ocidente. Isso porque, ao mesmo tempo, a fortuna e a tragédia da Alemanha Oriental era que, ao contrário da Polônia ou da Hungria, as fronteiras da autodeterminação social e a da autodeterminação nacional não eram as mesmas.

Portanto, até o final de 1989 a política desesperadoramente confusa e volátil da Alemanha Oriental foi bem diferente da dos seus vizinhos. Para dizer a verdade, aqui também houve uma Mesa Redonda; de fato, houve inúmeras mesas-redondas, nacionais, regionais e locais. Nessas mesas-redondas, aqueles que ainda queriam fazer uma Alemanha melhor tentavam encontrar um terreno comum com aqueles que ainda detinham os esfarrapados restos do poder, explicando-lhes por que razão tinham que ceder até mesmo esses restos. Na Alemanha Oriental, assim como na

Polônia e na Hungria, a Mesa Redonda em pouco tempo tornou-se a mais alta instância do país. Aqui, também, eles estabeleceram imediatamente uma data para as eleições livres, e o pseudo-Parlamento aprovou a remoção na Constituição de qualquer referência ao papel dirigente do Partido. Aqui, também, o número de filiados e o poder desse Partido evaporaram com uma rapidez de fazer perder o fôlego, levando com eles o mais formidável aparato de segurança da Europa — o temível "Stasi". (Inesquecível foi a cena do chefe desse ministério, o general Erich Mielke, recuando do microfone na Assembléia Popular, murmurando, "*Aber ich liebe Euch doch alle!*" — "Mas eu amo vocês todos!".) Aqui, mais que em qualquer outro lugar, os líderes comunistas remanescentes contribuíram com suas tolices para a sua própria queda: principalmente por um extraordinário erro de julgamento ao tentarem reintroduzir um Serviço de Segurança do Estado, supostamente para proteger o povo contra grupos de extrema-direita ou "neonazistas". Mas aqui, finalmente, acabam as semelhanças.

Pois o fato dominante da vida política alemã-oriental no início de 1990 foi a avassaladora maré em favor de uma reunificação, ou melhor, uma neo-unificação com a Alemanha Ocidental. Essa maré assumiu diversas formas. Houve as exigências nas ruas e em todas as reuniões políticas, às quais todos os grupos de oposição foram forçados a adaptar-se — ou enfrentar a derrota nas urnas. (Sintomaticamente, o Partido Social-Democrata — SDP — adotou um novo nome, como o seu ilustre antepassado, e como o partido alemão ocidental, *Sozialdemokratische Partei Deutschlands*, SPD. Mais uma vez, o D maiúsculo de Democrata tornou-se o D maiúsculo de Deutschland.) Houve o número cada vez maior de pessoas que simplesmente votaram com os pés pela reunificação, emigrando para a Alemanha Ocidental: cerca de 2 mil pessoas por dia em janeiro de 1990, o mesmo número que precipitou originariamente a construção do Muro em agosto de 1961. E finalmente houve os inúmeros exemplos de cooperação prática e de empreendimentos conjuntos através da fronteira entre as duas Alemanhas e do Muro: novas ligações aéreas, linhas de ônibus, *joint-ventures*.

Isso era visível de maneira mais dramática em Berlim. Onde antes uma linha do metrô de Berlim Ocidental passava por fantasmagóricas estações desativadas em Berlim Oriental, as portas do trem começaram a abrir-se para a entrada de alemães-orientais. Toda a geografia mental de Berlim mudou da noite para o dia. Aquilo que fora a margem tornou-se o centro. Era uma única cidade novamente. Mas isso era válido para toda a fronteira entre as duas Alemanhas. A unificação estava acontecendo de baixo para cima. Acontecia porque muita gente dos dois lados queria que acontecesse. Quanta gente, e em que condições, somente as eleições de 1990 — nos dois lados — mostrariam.

Se houve incertezas nas transições pós-revolucionárias na Polônia e na Hungria, elas não foram nada em comparação com as existentes na Alemanha Oriental, ou melhor, na Alemanha como um todo. O governo da Alemanha Ocidental, que por décadas instara ao regime alemão-oriental a permitir que as pessoas partissem, estava agora encantado, mas também estarrecido, com as conseqüências de o regime ter feito precisamente isso. Pois as pessoas estavam vindo para a Alemanha Ocidental em um ritmo que estava ameaçando sobrecarregar seu mercado habitacional e o sistema de previdência social e, acima de tudo, estava ameaçando provocar um recuo político interno. A menos que o governo de Bonn estivesse disposto a construir o seu próprio Muro, a única maneira de evitar que um número cada vez maior de alemães-orientais se mudassem para o Ocidente seria acenar com a perspectiva de, pelo menos, uma rápida unificação econômica. D maiúsculo de *Deutschmark*. Mas como isso poderia ser feito? E se a união econômica e monetária levara à união política da Alemanha em meados do século XIX, e supostamente faria o mesmo na Europa Ocidental do final do século XX, por que raios não teria o mesmo efeito na Alemanha do final do século XX? Mas, nesse caso, qual seria o destino das tropas soviéticas estacionadas na Alemanha Oriental?

Levantar essas questões aqui não é muito prudente, pois quando você estiver lendo isto as respostas serão mais claras. No entanto, exatamente porque no momento em que escrevo, janeiro de 1990, a euforia de outubro e novembro já se transformou em consternação e alarme — tanto na Alemanha como entre os seus parceiros e vizinhos — parece ainda mais importante recordar aquele momento inicial de esperança e alegria. O momento em que as pessoas que haviam sido silenciadas por anos puderam por fim dizer o que pensavam; em que puderam afinal viajar à vontade, depois de passar anos trancadas. Foi um momento de emancipação e de libertação, criado pelo povo da Alemanha Oriental para o povo da Alemanha Oriental. Eles esperaram tanto quanto os demais povos da Europa Central oriental por esse momento, e tinham tanto direito a ele quanto qualquer outro povo.

PRAGA

NOS BASTIDORES DO LANTERNA MÁGICA

Minha contribuição para a revolução de veludo foi um gracejo. Ao chegar a Praga no Dia Sete (23 de novembro), quando o ritmo de mudanças já era estonteante, encontrei-me com Václav Havel no salão dos fundos de seu bar predileto. Eu comentei: "Na Polônia levou dez anos, na Hungria dez meses, na Alemanha Oriental dez semanas; talvez na Tchecoslováquia leve dez dias!". Segurando-me pelas mãos, e olhando-me com seu sorriso cativante, Havel chamou imediatamente uma equipe de televisão do *samizdat Videojournál*, que por acaso estava por ali. Pediram-me educadamente que repetisse o gracejo para as câmeras, com um copo de cerveja na mão, e então Havel deu sua resposta: "Seria fabuloso, se pudesse ser assim...". A revolução, disse ele, é cansativa demais.

A equipe de gravação correu para editar a fita, de modo que ela pudesse ser mostrada em televisores instalados em locais públicos. Havel usou o conceito em várias entrevistas. E como ele o usou, meu comentário teve uma carreira fantástica. Foi repetido nos jornais tchecoslovacos. Um porta-voz da oposição lembrou-se dele em uma transmissão televisiva logo antes da greve geral — no Dia Onze. Apareceu na primeira página do jornal de oposição polonês, o *Gazeta Wyborcza*. Emergiu na imprensa ocidental.

E quando por fim tive que sair de Praga no Dia Dezenove, sem que a revolução estivesse perto de acabar, as pessoas ainda estavam dizendo: "Veja bem, conosco — dez dias!". Tal é a mágica dos números redondos.

Não estou contando essa história apenas por vaidade de autor, mas também porque ela ilustra diversos aspectos da mais encantadora de todas as revoluções do ano na Europa Central: a rapidez, a improvisação, a alegria e o papel absolutamente central de Václav Havel, que foi ao mesmo tempo o diretor, o roteirista, o contra-regra e o ator principal daquela que foi sua maior peça. Eu fui apenas um dentre muitos — na verdade milhões — que lhe deram deixas.

No dia seguinte recebi uma entrada de teatro de cortesia. Uma entrada para o Teatro da Lanterna Mágica, cujo palco, platéia, *foyers* e camarins subterrâneos tinham-se transformado na sede da principal coalizão de oposição em terras tchecas, o Fórum Cívico, e desse modo, na prática, o quartel-general da revolução. A entrada mudava. No começo era apenas um bilhetinho com as palavras "Favor deixar entrar e sair" escritas em tinta roxa, assinado pelo irmão de Václav Havel, Ivan, e autenticado pelo carimbo do autor teatral. Este mostra um alegre gato com a palavra "Sorria!" no peito. Depois foi um cartão verde para ser pendurado no pescoço, com o meu nome datilografado como "Timothy *Gordon* Ash" e o gato sorridente de novo. Depois, foi um pedaço de papel xerocado e rubricado que dizia "edifício do Fórum Cívico", dessa vez com dois gatos sorridentes (um vermelho, outro preto) e um radiante sapo verde. Está na minha frente, enquanto escrevo. Embaixo do sapo, está escrito "*très bien*".

De qualquer modo, as entradas faziam milagres. Durante quase duas semanas eu, como historiador, tive o privilégio de assistir a história sendo feita dentro do Lanterna Mágica. A maior parte desse tempo fui o único estrangeiro que acompanhou as agitadas deliberações daquilo que a maioria das pessoas chamava simplesmente de "o Fórum".

Mas antes de descrever o que vi, será preciso ensaiar rapidamente o primeiro ato.

Foram os estudantes que começaram. Pequenos grupos deles haviam estado ativos durante pelo menos um ano. Eles editaram revistas nas faculdades. Organizaram grupos de debates. Atuaram na fronteira entre a vida oficial e a oficiosa. Muitos tinham contatos com a oposição, todos liam *samizdat*. Alguns dizem que eles formaram um grupo conspiratório chamado "A Fita" — a "Rosa Branca" tcheca. Mas eles agiam também por meio da organização oficial da juventude, a SSM. Foi através da SSM que eles obtiveram a permissão para fazer uma manifestação em Praga no dia 17 de novembro, a fim de comemorar o qüinquagésimo aniversário do martírio de Jan Opletal, o estudante tcheco assassinado pelos nazistas. Essa manifestação começou, tal como fora oficialmente determinado, no segundo distrito de Praga, com discursos e homenagens no cemitério.

Mas cresceu o número de pessoas, e as palavras de ordem foram ficando cada vez mais contra os atuais ditadores no castelo. Os manifestantes decidiram — talvez alguns estivessem planejando isso desde o começo — marchar até a praça Wenceslas, palco de todos os momentos importantes da história tcheca, em 1918, em 1948 ou em 1968. E lá foram eles ladeira abaixo, ao longo das margens do rio Vltava, para depois, entrando à direita no Teatro Nacional subir a avenida Narodní até a praça. Ali eles encontraram a tropa de choque, com capacetes brancos, escudos e cassetetes, e esquadrões especiais antiterroristas, de boinas vermelhas. Grandes grupos foram isolados e rodeados, tanto ao longo da avenida Narodní como na praça. Continuaram a gritar "Liberdade" e a cantar a versão tcheca dc "*We shall overcome*". Aqueles que estavam nas primeiras fileiras tentaram oferecer flores aos policiais. Colocaram velas acesas no chão e ergueram os braços, gritando, "Nossas mãos estão nuas". Mas os policiais, e especialmente os boinas vermelhas, espancaram homens, mulheres e crianças com seus cassetetes.

Essa foi a centelha que incendiou a Tchecoslováquia. Durante a noite de sexta-feira para sábado — com relatos de um morto e certamente muitos feridos — alguns estudantes decidiram entrar em greve. Na manhã de sábado eles conseguiram difundir a notícia para quase toda Universidade Carlos, e para diversas instituições de ensino superior, que aderiram imediatamente à greve de ocupação. (Uma paciente investigação será necessária para reconstruir os detalhes precisos desse momento crucial.) Na tarde do sábado eles receberam a adesão dos atores, já politizados por petições anteriores em defesa de Václav Havel, e mobilizados diretamente pelos ativíssimos estudantes das academias de teatro e de cinema. Encontraram-se no Teatro Realista. Os estudantes descreveram o que passara a ser chamado de "massacre". O pessoal do teatro respondeu com uma declaração de apoio que não só levou os teatros à greve — isto é, transformou as suas platéias em câmaras de debate político — como também, e pelo que eu pude estabelecer, pela primeira vez, fez a proposta de uma greve geral na segunda-feira, 27 de novembro, entre meio-dia e duas da tarde. O público respondeu aplaudindo de pé.

Na manhã do domingo os estudantes das academias de teatro e de cinema surgiram com uma declaração apropriadamente dramática. Intitulada "Não esperem — Ajam!", a declaração começava dizendo que 1989, na Tchecoslováquia, poderia ser tristemente proclamado o "ano do cassetete". "Esse cassetete", continuava, "na sexta-feira, 17 de novembro, derramou o sangue dos estudantes". E então, depois de apelar "especialmente aos Estados europeus no ano do segundo centenário da Revolução Francesa", eles prosseguiram com a lista das exigências, que iam do registro legal da revista mensal clandestina *Lidové Noviny* à eliminação na Constituição da referência ao papel dirigente do Partido Comunista, e repetiram, decisivamente, o chamado à greve geral. (Em poucos dias, os estudantes tinham todas as suas proclamações organizadamente armazenadas em microcomputadores, e muitos dos panfletos nas ruas eram na realidade impressos por computadores.)

Somente às dez horas da noite de domingo (Dia Três), depois que os estudantes e os atores haviam tomado a iniciativa, proclamando tanto a própria greve como a greve geral, que os grupos de oposição que existiam anteriormente, liderados pela Carta 77, se encontraram em outro teatro de Praga. O organizador efetivo dessa reunião foi Václav Havel, que voltara às pressas da sua casa de campo no norte da Boêmia assim que soube do "massacre". A reunião incluía não só os variadíssimos grupos de oposição, tais como o Comitê de Defesa dos Perseguidos Injustamente (VONS), o Movimento pelas Liberdades Cívicas e o *Obroda* (Renascimento), o clube de comunistas excomungados, como também membros individuais de partidos outrora títeres, como o Popular e o Socialista. Este último foi representado pelo seu secretário-geral, um certo Jan Škoda, que havia sido colega de escola de Václav Havel, mas que o havia cuidadosamente evitado durante os longos anos de trevas da chamada "normalização".

Essa disparatada reunião de fim de noite resultou na formação de um *Občanské Fórum*, um Fórum Cívico, "porta-voz daquela parte da população tchecoslovaca que está cada vez mais crítica em relação à atual liderança tchecoslovaca, e que nos dias recentes ficou profundamente chocada com o brutal massacre dos estudantes que faziam uma manifestação pacífica". O Fórum Cívico fez quatro exigências: a renúncia imediata dos líderes comunistas que prepararam a intervenção do Pacto de Varsóvia em 1968 e a conseqüente devastação da vida nacional, a começar pelo presidente, Gustáv Husák, e pelo líder do Partido, Miloš Jakeš; a renúncia imediata do ministro do Interior, František Kincl, e do primeiro-secretário de Praga, Miroslav Štěpán, considerado responsável pela violenta repressão às manifestações pacíficas; a formação de uma comissão especial para investigar essas ações da polícia; e a imediata libertação de todos os prisioneiros políticos. O Fórum Cívico, acrescentavam, apoiava a convocação de uma greve geral. Daquele momento em diante, o Fórum assumiu a liderança da revolução na parte tcheca do país. (Na Eslováquia, surgiu uma organização diferente com um nome diferente: o Povo Contra a Violência.)

Por todo aquele fim de semana, dezenas de milhares de pessoas estiveram perambulando pela praça Wenceslas, carregando bandeiras e gritando palavras de ordem. Os estudantes haviam tomado a estátua eqüestre do bom rei, no alto da sua praça, cobrindo o pedestal com cartazes improvisados, fotos e velas. O apoio popular, contudo, manifestou-se na tarde da segunda-feira. Pois nessa altura a praça não estava apenas fervilhando: estava abarrotada. Densas massas gritavam "Liberdade", "Renunciem" e, surpreendentemente, uma frase que poderia ser traduzida por "Agora é a hora", ou "É isso aí". E nem os capacetes brancos, nem os boinas vermelhas vieram. Tal como na Alemanha Oriental, quando as autoridades despertaram para o que estava acontecendo, já era tarde demais. (Mas o então primeiro-ministro, Ladislav Adamec, fez o que pôde para enfatizar que a lei marcial não seria declarada, sugerindo assim que a opção fora considerada.)

Na terça-feira, Dia Cinco, a manifestação — às quatro da tarde, depois do horário de trabalho — foi ainda maior. A editora do Partido Socialista, dirigido por Jan Škoda, pôs o seu balcão à disposição, perfeitamente localizado no meio de um dos lados da praça. Dali, o veterano ativista católico de oposição, Radim Palouš e um dinâmico sacerdote proscrito, Václav Malý, seguidos de Havel, dirigiram-se à enorme multidão, repetindo as exigências do Fórum. Na manhã seguinte, a primeira edição do diário do Partido Comunista, *Rudé Právo*, trazia uma manchete que fazia referência a uma manifestação de "200 mil" pessoas na praça. A segunda edição estampava "100 mil". Alguém fez uma colagem das duas edições, xerocopiou-a e colou-a nas vitrines das lojas, ao lado de fotos do presidente-libertador de antes da guerra, Tomáš Garrigue Masaryk, de panfletos mimeografados ou impressos por computador e de declarações cuidadosamente datilografadas de que esta ou aquela loja adeririam à greve geral, declarações assinadas por todos os empregados e com freqüência autenticadas com um selo ou um carimbo.

Na quarta e na quinta-feira, Dias Seis e Sete, houve manifestações ainda maiores, ao mesmo tempo que se abriam as primeiras conversações entre o primeiro-ministro Adamec e uma delegação do Fórum, que no entanto, devido a um veemente pedido do primeiro-ministro, não era liderada por Václav Havel. O primeiro-ministro, contou-me Havel, mandou por um assessor o recado de que ele não queria ainda "usar seu trunfo". Ao mesmo tempo, contudo, Havel mantinha-se em contato direto com Adamec, por meio de um autoconstituído grupo de mediadores, que chamava a si mesmo de "a ponte". "A ponte" tinha dois pilares: Michal Horáček, um jornalista de um jornal da juventude, e Michael Kocáb, um cantor de rock.

A revolução estava assim a caminho, na verdade a todo vapor. E seu quartel-general estava a apenas cem metros do fundo da praça Wenceslas, naquele teatro denominado Lanterna Mágica.

Passando as pesadas portas de metal e vidro e a segunda linha de guardas voluntários, mergulha-se por um amplo lance de escadas em um *foyer* curvo coberto de espelhos, no estilo dos anos 50. As pessoas circulam com ar importante, ou ficam sentadas nos bancos em pequenos grupos, comendo canapés improvisados e discutindo o futuro da nação. Descendo outro lance de escadas chega-se ao teatro propriamente. O cenário — para o *Minotaurus*, de Dürrenmatt — é como um funil, com uma abertura no fundo do palco, através do qual um monstro pequeno passaria com alguma dificuldade. Aqui, em vez da combinação peculiar de drama, música e pantomima do Lanterna Mágica, é feita a conferência coletiva de imprensa diária: os oradores emergem do buraco projetado para o monstro de Dürrenmatt. Jornalistas em vez de turistas são admitidos para o espetáculo.

Em um dos lados do *foyer* há uma sala com uma parede de vidro na qual se lê, em várias línguas, "sala de fumantes". Na porta há outro guarda. Alguns podem entrar. Outros não. Mostre a sua entrada mágica. Para dentro. Rostos barbudos conhecidos, velhos amigos da clandestinidade, estão sentados em cadeiras periclitantes, em uma reunião de crise. Um televisor, instalado alto na parede, mostra uma opereta, sem som. A sala tem cheiro de fumaça de cigarro, suor, casacos úmidos e revolução. Eu me lembro de haver sentido exatamente o mesmo cheiro no outono de 1980, na Polônia.

Este, pensamos, é o verdadeiro quartel-general. Mas depois de algumas horas descobre-se que há uma porta preta do outro lado do *foyer*. Passando a porta, desce-se por uma escada de metal até um corredor estreito, desesperadoramente quente, como se fosse o interior de um transatlântico. Aqui, nos camarins 10 e 11, está o próprio coração da revolução. Pois aqui fica Václav Havel, com o seu "secretário particular" e os poucos ativistas importantes do Fórum, que estão esmiuçando os textos do mais recente comunicado, declaração programática ou tomada de posição nas negociações.

Em frente à porta do camarim há um homem magro e barbudo, de aparência rija, vestindo uma jaqueta de combate, com o cabelo ralo amarrado atrás da cabeça, à moda hippie. Trata-se de John Bok, um amigo de Havel que agora cuida de sua guarda pessoal, composta principalmente de estudantes. Durante a guerra, o pai de John Bok foi piloto da Força Aérea inglesa, e legou sua coragem ao filho. Não se meta com John Bok. Ele e o outro chefe da segurança de Havel, Stanislav Milota, um ex-cinegrafista casado com uma atriz famosa, são figuras muito visíveis durante todo o espetáculo, sempre em volta de Havel enquanto este se mexe sem parar em nuvens de nervosa agitação, John Bok latindo no seu *walkie-talkie*, Milota fazendo SHSH!, SHSH! constantemente, em um sussurro de palco sempre um pouco mais alto que a interrupção que o provocou. A cada movimento febril, eles confirmam a singular posição do dramaturgo.

Um cientista social teria dificuldades para encontrar um termo que descrevesse a estrutura de tomada de decisões, para não falar da hierarquia de autoridade, no Fórum. No entanto, não há dúvida de que tal estrutura e hierarquia existem, como os cristais instantâneos do químico. O "bebê de quatro dias", como o chama Havel, é mais parecido a um clube que a qualquer outra coisa. A filiação individual é obtida por recomendação pessoal. Pode-se traçar uma árvore genealógica a partir da reunião inaugural no apropriadamente intitulado Teatro do Clube dos Atores: X apresentou Y que apresentou Z. A maioria dos presentes já era ativa antes na oposição, cujo maior grupo individual era constituído pelos signatários da Carta 77. Há vinte anos eles eram jornalistas, acadêmicos, advogados, mas agora eles chegavam aqui vindos dos seus empregos como foguistas, limpadores de janela, balconistas ou, na melhor das hipóteses, escritores proscritos. De vez em quando eles tinham que abandonar a reunião para ir alimentar as caldeiras. Alguns vinham diretamente da prisão, da qual haviam saído graças à pressão dos protestos populares. Politicamente, eles vão do neotrotsquista Petr Uhl ao católico profundamente conservador Václav Benda.

Além disso, há também os representantes de grupos importantes. Há Os Estudantes, vestidos extravagantemente, radicais e objeto da polida deferência dos mais velhos. Afinal de contas, foram eles que começaram tudo. Ocasionalmente há Os Atores — embora sejamos todos atores agora. Depois vêm Os Trabalhadores, representados principalmente por Petr Miller, um técnico atlético e decidido da ČKD, o enorme conglomerado metalúrgico de Praga. Todas as vozes intelectuais ficam caladas quando O

Trabalhador pede a palavra. De vez em quando há Os Eslovacos — convidados ostensivamente de honra. E por fim estão aqueles que eu batizei de Os Prognosticadores, isto é, membros do Instituto de Previsões (*Prognostický Ústav*) da Academia Tchecoslovaca de Ciências, um dos poucos institutos genuinamente independentes de todo o setor acadêmico oficial do país.

Os Prognosticadores são, na verdade, economistas. O fascínio especial que exercem vem do fato de eles saberem, ou acharem que sabem, ou, pelo menos, de as pessoas acharem que eles sabem o que fazer com a economia — um tema de óbvia importância para as pessoas comuns, e a respeito do qual a maioria dos filósofos, poetas, atores e historiadores aqui reunidos sabe pouco mais que o motorneiro do bonde de Vysočany. Os Prognosticadores não são, evidentemente, unânimes. O dr. Václav Klaus, um homem de cabelos cinza-prateados com óculos de metal cintilante, tão arrogante quanto perspicaz, é a favor da solução de Milton Friedman. Seu colega mais modesto, o dr. Tomáš Ježek, é discípulo (e tradutor) de Friedrich von Hayek.

Todas essas tendências e grupos estão representados nas reuniões plenárias do Fórum, que foram transferidas da sala de fumar para o auditório principal quando o número de participantes passou de dezenas para centenas de pessoas. Esse "plenário" — tal como o Solidariedade na Polônia, o Fórum inadvertidamente adota a terminologia comunista dos últimos quarenta anos — nomeia então uma série de "comissões". Na época em que eu lá cheguei existiam, pelo que pude perceber, quatro comissões: Organizativa, Técnica, Informativa e Conceitual — esta última "para lidar com a parte das ciências políticas", tal como foi colocado, de modo um tanto pitoresco, por um porta-voz/intérprete do Fórum. Quando fui embora, haviam sido criadas a "Programática" e a "Estratégica".

Além de eleger pessoas para essas comissões, por vezes o plenário também nomeia equipes para solucionar crises específicas, e grupos e indivíduos para falar na televisão, negociar com o governo ou qualquer outra coisa. Quando eu digo "eleger", o que acontece na realidade é que o presidente escolhe alguns nomes, e então os outros propõem outros nomes — ou os mesmos. Não há votação. As listas são, por assim dizer, abertas, e portanto longas. "Para a comissão conceitual, proponho Ivan Klíma", diz Havel, acrescentando, "Ivan, você não quer continuar escrevendo romances, quer?". Geralmente, o processo de seleção é grosseiramente representativo: é preciso que haja O Estudante, O Trabalhador, O Prognosticador etc. Isso às vezes dá origem a discussões maravilhosas para um ouvido ocidental. "Não seria bom termos um liberal?", propõe alguém, discutindo a Conceitual. "Mas já temos dois católicos!", outro responde. Assim, católico quer dizer liberal — que aqui significa, de fato, conservador.

Acompanhar tudo isso equivalia a ver a política em uma forma primária, espontânea e, quase diria, "pura". Todos os homens e mulheres podem ser animais políticos, mas alguns são mais políticos que outros. Era fascinante ver aqueles indivíduos reagindo instantaneamente à fragrância que cada vez mais se percebia no Lanterna Mágica à medida que passavam os dias. A fragrância do poder. Pessoas que jamais haviam sido politicamente ativas de repente se levantavam, abriam caminho até o palco e propunham a si mesmas para um lugar na televisão; e já se podia vê-los sentados na cadeira de um ministro. Outros, há muito ativos na oposição democrática, ficavam sentados na primeira fila. A política real do poder não era para eles.

Tal como o Solidariedade, o Fórum foi sacudido desde o início por um conflito entre o imperativo político de ação rápida, decisiva e unida e o imperativo moral de democracia interna. Deveriam eles começar como pretendiam continuar, ou seja, democraticamente? Ou será que as condições da luta contra um poder ainda totalitário exigiam que eles dissessem, parafraseando Brecht:

nós que lutamos pela democracia
não podemos, nós mesmos, ser democráticos.

Considerando-se isso, o Fórum dificilmente poderia ser chamado de democrático. Quem os havia escolhido? Eles se escolheram. E contudo já no seu segundo dia de existência eles escreveram, em uma carta endereçada ao presidente Bush e a Gorbachov, que o Fórum Cívico "sente-se capacitado a atuar como porta-voz de todo o povo tchecoslovaco". Com que direito? Ora, por direito de aclamação. Pois as pessoas estavam indo às ruas dia após dia, gritando "Viva o Fórum!". Pelo menos em Praga, o povo — o *demos* — estava óbvia e indiscutivelmente por trás deles. Nesse sentido original, o Fórum era profundamente democrático. O *demos* falou, em manifestações, e declarou que o Fórum era seu porta-voz.

Se tivéssemos que descrever a liderança de Havel, o termo demasiadamente usado de Max Weber, "carismática", dessa vez poderia servir. Era extraordinário o grau em que tudo, em última instância, girava em torno deste único homem. Em quase todas as principais decisões e declarações do Fórum, ele era o árbitro final, a única pessoa que podia de algum modo equilibrar a grande diversidade de tendências e interesses do movimento. Nesse sentido, muitas decisões não eram tomadas democraticamente: tal como no Solidariedade. Porém, é difícil imaginar uma personalidade menos autoritária que Havel. (O contraste com Lech Wałęsa era notável.) E as reuniões do plenário eram quase absurdamente democráticas. O cordial Radim Palouš era um mediador exemplar. Todos diziam o que tinham a dizer. As questões importantes eram decididas pelo voto. A certa altura, uma assembléia de duzentas pessoas estava corrigindo o mais recente comunicado do Fórum, linha por linha.

Desse modo, tudo — as reuniões plenárias, as comissões, os grupos de emergência, Havel, John Bok, o cenário do *Minotaurus*, a sala de fumar, os camarins, as apressadas conversas de corredor, o calor, a fumaça, os risos e o esgotamento — contribuía para aquele fato político singular, o "Lanterna Mágica". A história da revolução, nos dias em que eu a testemunhei, foi a história da interação entre o "Lanterna Mágica" e três outras forças coletivas, ou teatros. Estas podem ser chamadas, com o mesmo tipo de licença poética, "o povo", "os poderes constituídos" e "o mundo".

Para os que estavam no Lanterna Mágica, "o povo" queria dizer, em primeiro lugar, Praga. De certo modo, toda Praga tornou-se um Lanterna Mágica. Não se tratava apenas das grandes massas na praça Wenceslas, mas dos cartazes improvisados espalhados por toda a cidade, dos comandos de greve nas fábricas, dos comitês do Fórum Cívico que eram fundados em hospitais, escolas e escritórios. Tratava-se dos teatros abarrotados todas as noites para debates com oradores convidados: um porta-voz do Fórum, ou talvez um escritor que retornava ao país após anos de exílio; tratava-se das multidões paradas em frente aos televisores instalados nas vitrines das lojas e nas janelas dos escritórios a qualquer hora do dia ou da noite, assistindo à gravação feita pelo *Videojournál* dos acontecimentos de 17 de novembro, repetida ininterruptamente. Tratava-se das pessoas comuns nas ruas. Caminhando em direção à cidade velha, podiam-se ouvir trechos de conversas excitadas: "Eleições livres!", "Rosto humano" e (sombriamente) "Tendências demagógicas!". Às seis da manhã, na praça Wenceslas, via-se uma fila de centenas de pessoas esperando pacientemente para comprar um exemplar do jornal do Partido Socialista, *Svobodné Slovo* (A Palavra Livre), o primeiro a fazer relatos fiéis das manifestações e das declarações do Fórum. Fazendo fila para a palavra livre.

Fora de Praga, a atmosfera variava bastante de um lugar para outro. Havia muito mais medo e maldade, por exemplo, no distrito industrial perto de Ostrava. Além disso, havia, é claro, a Eslováquia, uma outra nação. Para alcançar essa audiência mais ampla, o meio mais importante era evidentemente a televisão e, em menor grau, o rádio. Tal como na Polônia e na Hungria, a batalha pelo acesso à televisão e ao rádio e por uma cobertura imparcial foi uma das duas ou três questões políticas fundamentais. No caso da Tchecoslováquia, a batalha foi comicamente visível na tela, com a transmissão ao vivo de uma manifestação sendo bruscamente interrompida por uma anódina música ligeira, seguida pela súbita volta ao ar — como se puxadas por uma mão invisível — das imagens da manifestação. "Transmissão ao vivo!", gritavam na praça Wenceslas, "transmissão ao vivo!". Uma vez que o Fórum obteve o acesso ao rádio e à televisão, boa parte de sua energia foi dedicada à discussão do que deveria ser dito nesses veículos.

A segunda força coletiva era composta pelos "poderes constituídos". Este termo, extraído da Bíblia do rei Jaime, foi usado diversas vezes por Rita Klimová, uma ex-professora de Economia (demitida por razões políticas) que traduzia para o inglês, com magnífico autocontrole, as palavras dos oradores nas entrevistas coletivas do Fórum. Embora isso possa à primeira vista parecer estranho, um dos problemas mais recorrentes na descrição dos sistemas comunistas (ou talvez eu devesse dizer "antigos sistemas comunistas") é precisamente o de encontrar um substantivo coletivo apropriado para as pessoas e instituições que estavam realmente no poder. Dizer "o governo", por exemplo, seria um erro, visto que em tais sistemas o governo não governava realmente: o Partido o fazia, ou algum amálgama de Partido, polícia, Exército e União Soviética. Todos esses elementos vinham à baila, e eram bem descritos pelo termo bíblico "os poderes constituídos".

No começo, o Fórum negociava com o primeiro-ministro federal, que era evidentemente membro do Politburo. Fizeram isso, em primeiro lugar, por ser ele o único representante dos altos escalões do poder que aceitava dialogar. Mas, fazendo da necessidade uma virtude, eles diziam: estamos falando com o governo do nosso país porque queremos um governo de verdade, responsável perante um Parlamento de verdade, e não o domínio de um único Partido. Além do primeiro-ministro federal, eles negociaram também com o primeiro-ministro tcheco (pois na complexa estrutura federal da Tchecoslováquia, tanto o setor tcheco como o eslovaco têm seu próprio governo). Só então eles começaram a conversar com os líderes do Partido como tais.

Por trás de tudo havia a presença benigna da União Soviética de Gorbachov: a embaixada soviética recebendo com ostensiva cortesia uma delegação do Fórum, o próprio Gorbachov afastando o líder do Partido, Urbánek, e o primeiro-ministro Adamec durante a reunião do Pacto de Varsóvia em Moscou após o encontro de Malta, a abjuração da invasão de 1968. Outros precisarão avaliar até que ponto (e de que modo) Gorbachov instigou deliberadamente as mudanças na Tchecoslováquia, e em que medida isso foi afetado pelo seu cronograma pessoal para as relações Leste-Oeste, particularmente na preparação para a conferência de cúpula de Malta. Assim como em 1980 o pior lugar para se avaliar a intenção soviética de intervir militarmente era a sede do Solidariedade em Varsóvia (algo que nunca foi inteiramente apreendido pelos entrevistadores de rádio e televisão), em 1989 o pior lugar para se avaliar a intenção soviética de não intervir era a sede do Fórum em Praga. Contudo, é claro, de uma perspectiva histórica mais ampla, a atitude soviética foi fundamental.

Nessa altura, os "poderes constituídos" se confundem com a terceira força, ou teatro, chamada "o mundo". Os primeiros manifestantes em Praga no dia dos aniversários nacionais em 1988 gritavam para as tropas de choque: "O mundo está vendo vocês". Todavia, no outono de 1988, era na verdade bem pouco provável que estivessem sendo observados pelo mundo. De modo geral, o mundo achava que a vida estava em outra parte. Mas agora não havia absolutamente nenhuma dúvida de que o mundo os estava vendo.

Via-os pelos olhos das câmeras de televisão e dos milhares de jornalistas que acorriam aos magotes para os espetáculos diários no Lanterna Mágica. Eles próprios constituíam um espetáculo: equipes de televisão e fotógrafos comportando-se como minotauros, jornalistas gritando um mais alto que o outro e querendo saber por que a revolução não podia coincidir com o horário de fechamento de seus jornais.

Mesmo assim, algumas das perguntas eram boas, e os jornalistas desempenharam duas funções úteis. Em primeiro lugar, eles concentravam as idéias. Quando, por exemplo, havia uma sessão plenária do Fórum às cinco da tarde, o conhecimento de que os porta-vozes teriam que enfrentar as perguntas mais difíceis às sete e meia contribuía para uma discussão muito mais sucinta. Mesmo assim, as políticas do Fórum sobre questões cruciais — o futuro do Pacto de Varsóvia, por exemplo, ou do socialismo — eram às vezes decididas às carreiras, em respostas de improviso às perguntas de jornalistas ocidentais. Em segundo lugar, "os olhos do mundo" proporcionavam proteção. Especialmente durante as preparações para a conferência de Malta, as autoridades devem ter tido poucas dúvidas quanto ao fato de que havia certas coisas que eles não podiam mais fazer, ou só poderiam fazer pagando um enorme preço em desaprovação, tanto ocidental quanto *soviética*. Espancar crianças, por exemplo. Tanto externa como internamente, o veículo crucial foi a televisão. Na Europa do final do século XX, todas as revoluções são tele-revoluções.

Dia Oito (sexta-feira, 24 de novembro). De manhã, uma reunião plenária na sala de fumar. Nomear pessoas para as comissões. A agenda para a manifestação desta tarde. As palavras de ordem propostas, diz alguém, são: "Objetividade, verdade, produtividade, liberdade". Não é surpreendente que duas das quatro tenham a ver com a verdade. Mas "produtividade" é interessante. Pelas várias conversas do lado de fora, posso ver que o "exemplo polonês" é aqui amplamente considerado como negativo. Se a miséria econômica for o preço da emancipação política, muita gente pode não querer pagá-lo. De modo que o Fórum dá um valor especial à credibilidade econômica. Manifestações, só depois do expediente. A greve geral no horário do almoço na segunda-feira como uma necessidade excepcional.

No começo da tarde chega Dubček. Parece ter saído diretamente de uma fotografia em branco e preto de 1968. O rosto está mais velho, com mais rugas, é claro, mas ele está com o mesmo casaco e o mesmo cachecol, o mesmo sorriso comovente apenas esboçado, o mesmo chapéu de funcionário. Protegidos pelos guarda-costas de Havel — John Bok à frente — emergimos do ventre do Lanterna, Dubček e Havel lado a lado, e disparamos por galerias comerciais cobertas e tortuosas passagens de fundo até chegarmos ao balcão da editora do Partido Socialista e redação do *Svobodné Slovo*: o balcão da palavra livre. Ao longo das galerias, as pessoas ficam simplesmente boquiabertas. Dubček! É como se o fantasma de Winston Churchill fosse visto percorrendo a Galeria Burlington.

Mas quando ele sai para o balcão no ar gelado da noite, iluminado pelos projetores da televisão, a multidão solta o maior rugido que já ouvi. "DUBČEK! DUBČEK!", ecoa o grito pelas altas casas e por toda a longa e estreita praça. Muitos lamentam seu papel ambíguo após a invasão soviética, e o fato de ele não ter usado a magia de seu nome para apoiar a oposição democrática. Ele mudou pouco com o tempo. Sua fala contém ainda aquelas rígidas frases da novilíngua, a *langue de bois*. (Em certo ponto, ele se referiu a "tendências extremistas confrontacionistas".) Acredita ainda no socialismo — ou seja, comunismo reformado — com um rosto humano. O verdadeiro líder do movimento, pelo menos em Praga, é Havel, e não Dubček. Mas, no momento, nada disso importa. No momento, o que importa é que o herói legendário está realmente aqui, falando para uma enorme multidão na praça Wenceslas, enquanto a sessão de emergência do Comitê Central foi transferida para um subúrbio distante, segundo nos dizem. "Dubček para o castelo!", ruge a multidão — isto é, Dubček para presidente. O velho deve estar pensando que vai acordar daqui a pouco e descobrir que está sonhando. Para o homem que o substituiu e está agora no castelo, Gustáv Husák, isto deve ser um pesadelo realizado.

Depois de Dubček vem Havel. "Dubček-Havel", gritam, o nome de 68 e o nome de 89. Depois disso Václav Malý, o sacerdote proscrito, lê uma mensagem do homem que ele diz ser "o terceiro grande símbolo" do movimento, o cardeal František Tomášek. "A Igreja Católica está inteiramente ao lado do povo na sua presente luta", diz a mensagem. "Agradeço a todos os que estão lutando para o nosso bem e confio plenamente no Fórum Cívico, que se tornou o porta-voz da nação." "Viva Tomášek", gritam, mas eu noto que, mais tarde, quando Malý puxa o velho cântico tcheco de Wenceslas, grande parte da multidão não sabe a letra ou reluta em cantá-la. Um notável contraste com a Polônia.

No final da manifestação, depois de ouvir mais oradores, entre eles um jogador de futebol, um diretor de teatro, o cantor de rock e membro da "Ponte" Michael Kocáb, e os obrigatórios Estudante e Trabalhador, as pessoas na praça fazem o mais extraordinário dos gestos espontâneos. Todos tiram suas chaves do bolso e sacodem-nas, trezentos mil chaveiros, produzindo um som como uma profusão de sinos chineses.

Sete e meia da tarde. A coletiva de imprensa. Havel e Dubček juntos no palco. Eles haviam apenas começado a responder às perguntas sobre suas diferentes concepções de socialismo quando alguém traz a notícia — da televisão — de que todo o Politburo e secretariado do Comitê Central renunciou. O teatro irrompe em aplausos. Havel fica em pé de um salto, faz o V da vitória com os dedos e abraça Dubćek. Alguém traz champanhe para eles. Havel ergue o copo e brinda a "Uma Tchecoslováquia livre!".

Então, de modo um tanto quanto absurdo, todos nos sentamos novamente para discutir "O que é o socialismo?". Havel diz que a palavra perdeu todo significado no "contexto lingüístico tcheco" dos últimos quinze anos, mas que ele é certamente favorável à justiça social e a uma economia pluralista, com diferentes formas de propriedade. Os modelos para uma política social racional podem ser encontrados antes nos países social-democratas que nos países comunistas. A resposta mais curta, e a melhor, é a de Václav Malý. "Eu também sou pela justiça social", diz, "mas a única maneira de garanti-la é através da democracia parlamentar".

Dez da noite. Plenária na sala de fumar. Preparativos operacionais para o fim de semana. Precisa-se de dinheiro: estabeleça-se uma comissão do Tesouro! Uma discussão interessante sobre o modo pelo qual Dubček deve ou não ser associado ao Fórum. É evidente que o nome dele é mágico, nacional e internacionalmente. Mas ele, sabe, é meio, bem... comunista, ainda. Em todos os rostos vê-se a exaltação lutando contra a exaustão. Todos estão muito, muito cansados. Em certo momento, lendo o rascunho de uma declaração sobre a greve geral, a escritora Eva Kantůrková diz "Fórum Democrático", em vez de Fórum Cívico. "Oh, desculpem, eu estava pensando na Hungria." Fórum Cívico, Fórum Democrático, Novo Fórum — Tchecoslováquia, Hungria, Alemanha Oriental — é fácil confundir-se: é um daqueles anos. Alguém sugere que a greve geral deveria ser descrita como um "plebiscito informal" sobre o papel dirigente do Partido. Outro prefere "simbólico", em vez de "informal". Escritores debatem um detalhe de estilo. Consenso por exaustão mútua. Fim da reunião.

Madrugada. De volta ao bar favorito de Havel, no qual há uma pintura mural de um barco em águas tempestuosas. Cerveja e *becherovka*. Sobre o que se pode falar na noite seguinte a uma vitória tão estupenda, quando, em pouco mais de uma semana, foram afastados os gorilas tagarelas que arruinaram o país durante vinte anos? Em um primeiro momento, no palco do Lanterna Mágica, dá para gritar "Uma Tchecoslováquia livre!". No entanto, não se pode continuar falando como personagem de uma peça de teatro do século XIX. De maneira que de repente você se vê falando de gatos. Sim, gatos. Dois gatos chamados "Yin" e "Yang", que o dono não vê há duas semanas. Coitados. Vítimas da revolução.

E então, o que vai acontecer depois da revolução?, pergunto ao sorridente Jiří Dientsbier, o famoso jornalista que foi obrigado a trabalhar como foguista após ter assinado a Carta 77. Rápido como sempre, ele responde: "Ou a contra-revolução ou... uma sociedade de consumo ocidental". (Pouco mais de duas semanas depois, ele é nomeado ministro das Relações Exteriores da Tchecoslováquia. Tenha a gentileza de apagar aquela observação dos registros. Não, é claro que o senhor nunca disse isso, sr. ministro. Foi outra pessoa. Eu imaginei. Foi uma voz na parede.)

Dia Nove (25 de novembro). Duas declarações do Fórum. Uma, emitida depois da sessão plenária da noite passada, às onze e meia (as coisas acontecem com tanta rapidez que eles põem não somente o dia como também a hora nos comunicados), descreve a greve geral como um "plebiscito simbólico" sobre o papel dirigente do Partido. A segunda, emitida às quatro e meia da madrugada, exprime consternação por algumas das pessoas eleitas para o novo Politburo (formamente: Presidium) e secretariado do Comitê Central. Neste, a greve geral é descrita como "um plebiscito informal para determinar se eles devem ou não continuar a nos humilhar, e se este país deve continuar a ser arruinado pelos líderes de um único partido político, que atribui permanentemente a si mesmo o papel dirigente".

O garçom no meu hotel vê que estou lendo o *Svobodné Slovo*. "Ah, vitória!", diz ele, apontando para a fita azul, branca e vermelha que ele, como tantos outros, traz agora na lapela. Ele então inclina-se e sussurra-me ao ouvido: "Acabou-se o comunismo". Endireitando-se, esfrega o sapato no carpete, como se estivesse esmagando um inseto. Pega o meu *Svobodné Slovo*, mas não meu pedido de café da manhã, e desaparece na cozinha.

Por uma feliz coincidência, esta manhã há uma missa festiva na catedral na colina do castelo, para comemorar a canonização de Agnes da Boêmia. A verdadeira canonização ocorreu em Roma, no dia 12 de novembro, apenas cinco dias antes do início da revolução. (Um amigo católico disse-me que uma antiga lenda afirma que ocorreriam maravilhas na Boêmia quando Agnes fosse canonizada.) No frio de rachar, uma grande multidão reúne-se na catedral e em torno dela, e também diante do Palácio do Arcebispo. "Frantši Tomášek! Frantši Tomášek!", gritam, um modo maravilhosamente íntimo de saudar um venerável cardeal. Uma senhora de voz trêmula canta hinos patrióticos, parando apenas para bebericar vodca entre os versos.

Aqui, o poder da Igreja nem se compara ao que ela tem na Polônia, pois a Tchecoslováquia, historicamente, esteve dividida entre católicos (associados à Contra-Reforma e à restauração dos Habsburgos) e protestantes (de Jan Huss a Masaryk), e ambas as Igrejas foram implacavelmente suprimidas no período stalinista, e novamente após 1969. No entanto, os intelectuais católicos e os sacerdotes proscritos como Václav Malý desempenham um papel crucial na liderança da oposição. O próprio Tomášek acabou tornando-se cada vez mais ousado, à medida que envelhecia. A petição por liberdade religiosa obteve mais de meio milhão de assinaturas, e foi um importante fator para quebrar o gelo político. Além do mais, quem resistiria à gloriosa coincidência entre esta cerimônia e a revolução? De modo que há uma multidão de bom tamanho aqui também, tendo algumas pessoas vindo do campo e até mesmo da Eslováquia. E a missa pela santa padroeira da Boêmia, a filha do rei que escolheu viver entre os pobres, é mais uma comemoração da renovação nacional. Anjos em ação. Ah, claro, a missa toda é transmitida ao vivo pela televisão: pelo que sei, é a primeira vez que isso acontece aqui.

Às duas da tarde, sob a neve, acontece a maior de todas as manifestações: mais de meio milhão de pessoas, no jardim perto do estádio de futebol Letná, bem atrás do local onde estivera no passado a gigantesca estátua de Stalin. As bandeiras, as faixas e os rostos erguidos, vívidos contra a neve branca, parecem saídos de um quadro de L. S. Lowry. Seções inteiras da multidão pulam juntas para se aquecerem. O fato essencial é que eles estão aqui, atendendo ao convite do Fórum. Em certo sentido, isso é tudo o que importa. Mas é claro que há um programa.

Havel reitera a insatisfação do Fórum com alguns dos novos líderes, e especialmente com a permanência no poder de Miroslav Štěpán, secretário do Partido em Praga, profundamente impopular. "Vergonha, vergonha!", grita a multidão. Ele então diz que a única pessoa no poder que respondeu aos desejos do povo é o primeiro-ministro, Ladislav Adamec. "Adamec! Adamec!", ruge a multidão, e trememos por um momento com a facilidade com que são conduzidos. Isso faz parte de uma tática deliberada (mas de alto risco), elaborada nos camarins: elevar a posição do primeiro-ministro como um interlocutor nas negociações mostrando às autoridades que ele pode ter apoio popular. De fato, isso é precisamente o que Adamec pediu que Havel fizesse por ele há alguns dias. Dubček, que para a surpresa de alguns ainda não voltou para Bratislava, repete o mesmo apoio a Adamec. Ele também diz, elegantemente, que está satisfeito com a canonização de Agnes da Boêmia — Anežka — e que, embora ele vá falar em eslovaco, o que importa não é como se fala, mas o que se diz.

Petr Miller, O Trabalhador, repete o chamado à greve, enfatizando mais uma vez que não deve haver danos à economia nacional. Surgem baladas e "a canção favorita do presidente Masaryk"; estudantes e atores discursam. "Estou falando em nome de Jesus Cristo", diz um ator, modestamente, "e apelo a vocês para que esmaguem o diabo".

Aplausos ferozes. Então, naquela maneira extraordinária que têm essas multidões de responder aos oradores, surge uma reação quase imediata: "O diabo está no castelo, o diabo está no castelo!". (Se você estiver no meio da multidão, poderá ver como um único homem pode começar um grito que, repetido por aqueles que estão a sua volta, torna-se a voz de meio milhão de pessoas.)

Sete e meia da tarde. Coletiva de imprensa. Repetição das posições do Fórum sobre os líderes comprometidos, a greve geral e assim por diante. Amanhã, uma delegação vai encontrar-se com o primeiro-ministro Adamec. A agenda deve incluir a legalização dos grupos independentes, a libertação de prisioneiros políticos, preparativos para mais conversações e, ah, sim, o fim do papel dirigente do Partido. Os jornalistas estrangeiros insistem em perguntar sobre coisas que não podem ser de modo algum respondidas, tais como as correlações de força no interior do Partido, ou as relações entre as lideranças soviética e tchecoslovaca. Jiří Dienstbier dá uma boa resposta a esta última pergunta. Claro que sentimos que a liderança soviética deve ter algum senso de responsabilidade pela invasão de 1968, diz ele, mas com certeza não estamos mais pedindo qualquer "assistência" internacional.

A televisão está agora claramente abrindo espaço para a cobertura da revolução. Além da transmissão ao vivo da missa, ela mostra uma entrevista com Havel: "Abaixo a camada dirigente", diz ele, "viva a eleição livre". E a multidão do lado de fora entende claramente que este é o ponto mais importante: "Eleições livres", gritam. Como na Polônia, na Hungria, na Alemanha Oriental...

Dia Dez (domingo, 26 de novembro). Onze da manhã. Uma delegação encabeçada pelo primeiro-ministro Adamec, e formalmente descrita como representante do governo e da Frente Nacional (que une o Partido Comunista aos ex-partidos títeres), encontra-se com uma delegação do Fórum chefiada por Havel. "Não nos conhecemos", diz o primeiro-ministro, estendendo a mão até o outro lado da mesa. "Eu sou Havel". Trata-se de uma curta sessão de familiarização, mas eles concordam em reunir-se novamente na terça-feira. O primeiro-ministro promete a libertação dos prisioneiros políticos (muitos dos quais de fato aparecem no Lanterna Mágica antes que o dia acabe), e também promete comparecer para falar no comício da tarde.

Duas da tarde. De novo no estádio Letná. Adamec chega antes dos líderes do Fórum e fica por ali, batendo os pés no chão contra o frio. "Como se sente?", pergunta lhe alguém. "Muito bem", responde ele, enquanto a multidão ruge, "Dubček, Dubček!". Noto que o assessor dele está tentando reprimir um sorriso aberto. Havel faz um discurso breve, descrevendo o Fórum como uma ponte do totalitarismo à democracia, e dizendo que ele deve continuar existindo até que haja eleições livres. Depois disso eles dão a Adamec uma oportunidade. Mas ele a perde, falando sobre a necessidade de disciplina, pelo fim das greves, por uma mudança econômica mais que política. Sente-se que ele está falando tanto para a reunião de emergência do Comitê Central de hoje à noite quanto para as pessoas diante dele. E elas sentem isso também. E vaiam e assobiam.

A multidão exibe novamente a extraordinária capacidade de conversar com os oradores por gritos rítmicos. "Abram caminho para a ambulância", gritam, ou "Aumentem o volume". Quando é lida uma longa lista de prisioneiros políticos, eles gritam "Štěpán para a cadeia". "Talvez devêssemos dar-lhe uma pá", diz Václav Malý da tribuna. "Ele a roubaria!", é a resposta, quase instantânea, meio milhão de pessoas falando como uma só. E depois, "Lá vem ela!". E efetivamente, uma pá é erguida na frente da multidão. "Štěpán, Štěpán", gritam, como uma canção fúnebre, e mais uma vez chacoalham as chaves como se fosse para os últimos sacramentos. (Na manhã seguinte chega a notícia de que Štěpán, juntamente com outros membros desacreditados da liderança, renunciou na reunião de emergência do Comitê Central.)

Seis da tarde. Uma importante reunião plenária. Havel

coloca a "questão fundamental" do futuro do Fórum. Ele pessoalmente não quer ser um "chefe", diz, nem um político profissional. Quer ser escritor. Václav Malý diz quase a mesma coisa, com a diferença que ele quer ser — é — um sacerdote. No entanto, está claro para todos que Havel deve continuar pelo menos até as eleições, e "nas eleições", brinca Dienstbier, "você não tem a menor chance!".

Outra pessoa fala de telefonemas reclamando de métodos antidemocráticos. O velho conflito entre a política e a moralidade, entre as exigências de unidade e a democracia. Os estudantes insistem na necessidade de unidade, de continuidade e da liderança de Havel. Mas outras vozes se erguem a favor da fundação de partidos políticos. Um partido social-democrata será anunciado nos próximos dias. O Fórum, todos concordam, não deve ser uma organização centralizada, como um partido. O que é ele, então? Como se descreve uma cruzada cívica pela renovação nacional?

De modo inevitável, a discussão oscila violentamente entre as grandes e as pequenas questões — do que dizer a Adamec na terça-feira ao que dizer à imprensa daqui a uma hora, do socialismo *versus* liberalismo a se devemos ir de carro ou de ônibus. Em meio a tudo isso, Václav Klaus, o economista brilhante, começa repentinamente a ler um espantoso documento. Chama-se "O que queremos", com o subtítulo "Princípios Programáticos do Fórum Cívico". Propõe uma nova Tchecoslováquia sob o domínio da lei garantida por um Judiciário independente, eleições livres em todos os níveis, uma economia de mercado, justiça social, respeito pelo meio ambiente, e vida cultural e acadêmica independente. Um país normal no centro da Europa. Três páginas datilografadas, preparadas por uma das comissões em um breve fim de semana. Primeiro eu os vi sentados no palco do Lanterna Mágica, depois suando no camarim. O meu amigo Petr Pithart — advogado, historiador e autor de um dos melhores livros sobre 1968, que se viu obrigado a fazer trabalhos domésticos depois de assinar a Carta 77 — passou pelo Lanterna Mágica para fazer uma sugestão modesta. Em poucos minutos ele foi cooptado para essa comissão, escrevendo, em poucas horas, o projeto da nova Tchecoslováquia.

Quando Klaus acaba de ler, começa uma discussão. Václav Benda, um católico conservador e um dos mais antigos mentores políticos da Carta 77, diz que, embora tenha ajudado a corrigir o texto, não concorda com parte dele: o trecho no qual se afirma que a Tchecoslováquia "respeitará as suas obrigações legais internacionais" (implicitamente, até mesmo o Pacto de Varsóvia) e outro no qual se diz que o Estado deve garantir um mínimo social para todos. É um momento delicado, pois se o plenário se envolver em uma discussão política séria, as profundas diferenças que têm estado encobertas pela plataforma ampla mas minimalista que fora a da Carta 77 e era agora a do Fórum, voltariam à tona de maneira vingativa. Felizmente, a situação é salva por Petr Miller, que se ergue para dizer que embora não tenha freqüentado a universidade, ele consegue entender a coisa toda, e acha que ela é boa, e é da opinião que deveríamos adotá-la e ponto. A propósito: vocês intelectuais, parem de tagarelar! Suspiros de alívio por toda a parte. Uma rápida votação. Adotada com apenas três abstenções. Agradeçam aos céus por termos O Trabalhador.

Evidentemente, o programa contém trechos de camuflagem: por exemplo, sobre o Pacto de Varsóvia, sobre o papel do Estado e sobre a questão da propriedade. Sobre esta última, fala-se de uma "concorrência real", que ocorrerá "baseada na existência paralela, com direitos iguais, de diferentes tipos de propriedade, e na progressiva abertura da nossa economia para o mundo". Esta é uma fórmula de compromisso, que leva em conta as sensibilidades dos revisionistas, social-democratas e até trotsquistas que fazem parte da ampla coalizão do Fórum, e que ainda acreditam em diferentes formas de propriedade social(ista). O que o documento diz realmente é: que vença a melhor forma! Mas, entre eles, os economistas não têm absolutamente nenhuma dúvida sobre qual delas vai acabar vencendo.

Todavia, o realmente notável não é que haja diferenças em relação ao programa, mas o grau de consenso imediato. Em 1968, e mesmo em 1977, era quase inimaginável que houvesse tanto terreno em comum. Trata-se de um fenômeno tcheco. Mas não é apenas um fenômeno tcheco, pois ele se repete sob várias formas por todo o leste da Europa Central. Tome uma amostra mais ou menos representativa de pessoas politicamente conscientes. Agite sob pressão por dois dias. O que é que sai? O mesmo modelo fundamental, ocidental e europeu: democracia parlamentar, domínio da lei, economia de mercado. E se você fizer a mesma experiência em Varsóvia ou Budapeste, vai obter o mesmo resultado básico. Não existe uma Terceira Via. Não é o "socialismo de rosto humano". É a concepção de "normalidade" que parece estar conquistando triunfantemente o mundo.

Mas chega de filosofia. Pois nos próximos dez minutos eles terão que elaborar o que vão dizer para o primeiro-ministro — e para o mundo. Na coletiva de imprensa, obviamente, perguntam sobre as fórmulas que camuflam a questão das alianças. Dienstbier responde: temos que partir da situação existente, mas nosso objetivo a longo prazo é uma Europa sem blocos. Quanto à União Soviética, nessa mesma noite a televisão soviética transmite um programa sobre a Primavera de Praga, que inclui uma entrevista com Dubček. Esta foi fornecida pelo *samizdat Videojournál*.

Dia Onze (segunda-feira, 27 de novembro). A greve geral é um sucesso quase antes de começar. A televisão diz que é. Logo antes do meio-dia, o *anchorman* anuncia que se está preparando para aderir à greve. Então, a partir do meio-dia, começam a mostrar praças cheias de gente, em Praga, em Bratislava, em Brno, em Ostrava, por toda a parte, e repórteres excitados descrevem a "fantástica atmosfera". Uma legenda explica que as reportagens sobre a greve são a contribuição para a greve dos funcionários da televisão. (E no entanto, nos últimos vinte anos eles estiveram produzindo lixo propagandístico.)

Petr Miller leva-me de carro até a fábrica onde trabalha, a grande oficina eletrotécnica da ČKD. Ele guia seu Lada esporte com uma rapidez de deixar os cabelos em pé. Gosta de fazer com que nos deixem passar no trânsito gritando, "Fórum Cívico!". "Sou apenas uma figura insignificante da oposição", diz ele, pondo a mão um metro acima do solo para indicar o quão pequeno ele é. Mas de fato ele está a caminho de ser considerado o Wałęsa tcheco. Na estrada, passamos por uma cena incrível: uma fila de táxis de pelo menos um quilômetro e meio de extensão, táxi após táxi após táxi, arrastando-se colina acima com as esposas e namorados no banco dos passageiros. É a greve dos taxistas. Diante da porta da fábrica, os operários estão escutando pacientemente uma conferência sobre economia pronunciada pelo diretor do Instituto de Prognósticos, dr. Valtr Komárek. "Komárek, Komárek!", gritam. O comício acaba, com todos cantando o(s) hino(s) nacional(is), à uma e meia, para que possam estar de volta ao trabalho às duas. Miller diz que eles compensarão pelo trabalho perdido com horas extras não remuneradas. Para voltar, é claro, não há táxis.

Quatro da tarde. Uma manifestação comemorativa na praça Wenceslas. Tentam dar a tribuna — ou, para ser preciso, o balcão — para um comunista. "Amigos, camaradas", começa ele, mas isso é um terrível engano. "Buu! Buu!", vaia a multidão, "não somos camaradas!". Eleições livres e um fim ao papel dirigente do Partido é o que as pessoas querem ouvir. Václav Klaus, que começa a surgir como um astro do Fórum, lê uma declaração na qual se anuncia que "o Fórum Cívico considera como seu objetivo básico a abertura definitiva da nossa sociedade ao desenvolvimento livre do pluralismo político e à realização de eleições livres". O movimento está aberto para qualquer um que esteja de acordo com seus Princípios Programáticos. Em vez de estrutura hierárquica, haverá um "centro coordenador". O centro coordenador recomenda que por enquanto sejam encerradas as ações grevistas. Amanhã eles submeterão suas exigências ao primeiro-ministro. Caso este não reaja adequadamente, eles exigirão a renúncia do governo — "Renúncia, renúncia!", grita a multidão — e a nomeação de um novo premiê que esteja disposto a garantir a realização de eleições livres. "Eleições livres, eleições livres!"

Depois disso vem o corpulento dr. Komárek, de cavanhaque, que pronuncia, muito lenta e deliberadamente, o que parece ser um discurso de posse de primeiro-ministro. São necessários fatos, não palavras, diz ele. Precisamos de um compromisso entre a nova situação *de facto* e a velha situação *de jure*. Os jovens à minha volta riem do latim professoral, mas gritam, "Komárek, Komárek!". Deve haver um grande governo de coalizão, um governo de peritos, homens de competência e integridade moral (tais como, entende-se, Valtr Komárek). Depois uma estudante lê, ainda mais lenta e claramente, como se fosse um ditado, uma carta dos estudantes pedindo que o presidente ponha Komárek no lugar de Adamec. "*Pan Docent* Komárek, doutor em Ciências", diz ela, "tem um programa pronto". O Fórum o apóia. "Nós também", grita a multidão, "nós também!".

Assim, para todos os que estão na praça, fica claro que o Fórum — falando pelo povo — acaba de propor um candidato a primeiro-ministro. Quem for até o Lanterna Mágica, porém, logo descobrirá que o Fórum não tinha a menor intenção de fazer isso. No plenário das seis, agora realizado no auditório principal, há confusão e consternação. Nossa intenção, diz Havel, era dar a Adamec uma oportunidade de satisfazer nossas exigências, antes de pedir sua renúncia. Isso dizia a declaração lida por Klaus. Os estudantes precipitaram-se. Por quê? Houve um telefonema do Lanterna, dizem os estudantes. "Desinformação!", exclama alguém. "Provocação!" Ou, mais provavelmente, apenas bagunça. De qualquer modo, a questão agora é: o que vão dizer nas negociações com Adamec, amanhã? E quem vai estar na delegação? Um Estudante, é claro. Um Trabalhador (Miller). Ján Čarnogurský, um advogado e importante ativista católico eslovaco, que acaba de sair da prisão. Václav Malý. Komárek, talvez? "De que lado?", pergunta alguém. Pois Komárek ainda é membro do Partido. Nesse momento, Havel sai discretamente do palco. Ele tem que ir receber o Prêmio da Paz da Câmara Alemã do Livro. (Há quatro dias ele fez o mesmo para receber o Prêmio Olof Palme.)

Sete e meia da tarde. A coletiva de imprensa. Respostas dadas com muita segurança a perguntas que eles haviam colocado para si mesmos, nessa mesma sala, poucos minutos antes. Pouco importa. Vai inventando enquanto fala. Está tudo certo para a noite. Petr Miller diz que os comandos de greve ainda existem, e serão mantidos. Não apenas eles compensarão as horas de trabalho perdidas com a greve, como também trabalharão de graça dois sábados... na semana em que a Tchecoslováquia tenha eleições livres. Vai haver um Partido Verde? "Este país precisa que todos os partidos sejam verdes", responde Dienstbier. Muito bem, Jiří. Falou como um ministro das Relações Exteriores de novo. Mas agora ele tem que correr: suas fornalhas precisam ser alimentadas.

Dia Doze (terça-feira, 28 de novembro). À uma e meia, um ministro do governo, um certo Marián Čalfa, faz o primeiro balanço das negociações entre a equipe do governo/Frente Nacional, liderada por Adamec, e a delegação do Fórum, liderada por Havel. A reunião começou em um clima "excitado", diz ele. Mas logo acalmou-se, e terminou com um espírito "positivo". O primeiro-ministro formará, até domingo (3 de dezembro), um novo governo baseado em "uma ampla coalizão", um governo de peritos. O governo proporá à Assembléia Federal que os artigos relativos ao papel dirigente do Partido, à natureza subordinada da Frente Nacional e ao marxismo-leninismo como base da educação sejam removidos da Constituição. O primeiro-ministro prometeu também que o Conselho Municipal prestaria toda a assistência ao Fórum.

De acordo com os representantes do Fórum, o primeiro-ministro na verdade perdeu a calma quando foi confrontado às exigências do Fórum — uma curta seleção das que haviam sido feitas pelos estudantes e pelo povo na última semana. Disse que eram "um ultimato". Após um curto intervalo, Petr Miller mais uma vez aliviou a tensão com um pouco de conversa franca.

Quatro da tarde. Reunião plenária. Cerca de duzentas pessoas no auditório. Havel e outros membros da delegação no palco. Tema principal: a versão do Fórum sobre a reunião. Além dos três pontos aceitos pelo governo, segundo os quais todos os prisioneiros políticos deveriam ser libertados até o dia 10 de dezembro (Dia dos Direitos Humanos da ONU), foi expressada satisfação pelo estabelecimento de uma comissão parlamentar para investigar a violência da polícia e das forças de segurança no dia 17 de novembro. O rascunho lido por Radim Palouš inclui outros cinco pontos. Destes, o mais imediatamente dramático é o anúncio de que estão escrevendo para o presidente Husák, pedindo-lhe que renuncie até 10 de dezembro. O primeiro-ministro tem até o final do ano para esclarecer de que maneira seu novo governo criará condições legais para as eleições livres, a liberdade de reunião, associação, expressão e imprensa, o fim do controle estatal sobre as Igrejas etc. Além disso, a Milícia Popular, exército particular do Partido, deve ser dissolvida, e todas as organizações políticas devem ser afastadas dos locais de trabalho (tal como na Hungria). Caso contrário, eles exigirão a sua renúncia.

Depois que o rascunho é lido, Havel diz, "Agora vou deixá-los para que discutam o texto", e desaparece pelo buraco do Minotauro. Durante a discussão, um tanto confusa, Petr Pithart lembra repentinamente que nada foi dito sobre a composição do novo governo. E as alavancas fundamentais do poder, os ministérios do Interior e da Defesa, por exemplo? Da tribuna vem a resposta, ligeiramente acanhada: é verdade, mas não podemos dizer aqui algo que não mencionamos lá. De algum modo, na pressa e na bagunça, a questão não foi abordada. E agora? Mais uma vez, Petr Miller corta a discussão intelectual: vamos deixar como está, diz ele, nada impede que elaboremos mais tarde.

Coletiva de imprensa. A versão final do comunicado — corrigida por duzentas pessoas! — é lida. Também é lido o texto de uma carta às autoridades soviéticas sobre a reavaliação de 1968. Esta carta, relatam, foi recebida "com prazer" pela embaixada soviética, que prometeu que ela seria prontamente transmitida a Moscou por telex. Respondendo a uma pergunta sobre as negociações, Havel diz que elas haviam sido complicadas, rápidas, dramáticas, e por favor não esperem saber de todos os detalhes. Em resumo, ele pede para ser deixado em paz pela imprensa. Todas as perguntas dirigidas a ele, diz, serão respondidas com prazer em uma entrevista coletiva que durará o dia todo — depois da revolução.

Dia Treze (quarta-feira, 29 de novembro). A televisão transmite um discurso do novo secretário do Partido, Karel Urbánek, tentando animar os fiéis do Partido em um *aktiv* de emergência no Palácio da Cultura. Ele adota um tom combativo. Não nos venderemos ao capital estrangeiro como os poloneses! Não podemos ceder às exigências de dissolução da Milícia Popular! (No sábado seguinte, foi precisamente isso que eles fizeram.) O público grita "Urbánek, Urbánek!" e "Viva o KSČ!" no mesmo ritmo das multidões na praça Wenceslas.

Depois, a Assembléia Federal. As mulheres de rosto emplastado, permanente barato e voz de professora primária. Os homens de terno ordinário, com o cabelo penteado para trás e testas suadas. A fisionomia do poder nos últimos quarenta anos. Mas no final do dia eles votam "sim" à proposta do primeiro-ministro, tal como fora acordado no dia anterior com o Fórum, de eliminar da Constituição as referências ao papel dirigente do Partido e ao marxismo-leninismo como base da educação. Durante anos, durante toda a vida em alguns casos, eles defenderam a posição dirigente do Partido e o marxismo-leninismo. Mas nem um só deputado vota contra a mudança. É como dizia Orwell: uma vez puta, sempre puta.

Quatro da tarde. Plenária no auditório. Havel e uma delegação foram às pressas a Bratislava, para falar no Teatro Nacional Eslovaco. É vital não deixar que as autoridades ponham os eslovacos contra os tchecos, tal como fizeram tantas vezes no passado. O comunicado de ontem sobre a reunião com o governo sublinhou que se tratava de uma negociação conduzida pelo Fórum Cívico e pelo Povo Contra a Violência, a organização irmã na Eslováquia. E o primeiro item no comunicado de hoje registra a resolução comum de ambos: "O objetivo comum do FC e do PCV é a transformação da Tchecoslováquia em uma federação democrática, na qual tchecos e eslovacos, juntamente com outras nacionalidades, viverão em mútua amizade e entendimento". No entanto, existem pedras nesse caminho. Pois a questão não é apenas a democracia como tal; é também o grau de autonomia que será desfrutado pelas duas nações (ou nacionalidades) nos marcos do Estado federal.

Mas antes que se possa discutir isso, um grupo de estudantes sobe ao palco, vestidos comicamente de pioneiros da juventude: camisa branca e lenço vermelho, e as meninas de rabo-de-cavalo. É o Comitê Por Um Presente Mais Alegre. Viemos aqui, dizem, para animá-los — e para garantir que não se transformarão em mais um Politburo. Em seguida, distribuem pequenos espelhos circulares aos membros do plenário.

De volta ao trabalho. O terceiro ponto diz: "Nas negociações de ontem com o FC, o primeiro-ministro disse que queria discutir conosco os membros do novo gabinete. O FC não aspira a nenhum cargo ministerial, mas gostaria de sugerir ao primeiro-ministro que o ministro da Defesa nacional seja um civil que não se tenha comprometido, e seja membro do Partido Comunista da Tchecoslováquia, e que o ministro do Interior seja uma pessoa que não se tenha comprometido, civil, e que não seja membro do Partido. Essa sugestão foi dada ao ministro hoje de manhã". De fato, a sugestão veio, esboçada por Havel, do camarim dele para o camarim da "equipe de crise", e foi aceita em poucos minutos. Uma pequena idéia de última hora: oh, a propósito, não dá mais para vocês ficarem com o ministério do Interior!

Quem quer falar na coletiva de imprensa? Ninguém se habilita. As pessoas têm que ser alistadas compulsoriamente para enfrentar a imprensa.

Devemos falar disso como uma revolução?, pergunta alguém. Pois, afinal de contas, no nosso contexto lingüístico, a palavra "revolução" traz um claro subtexto de violência. Uma "revolução pacífica" soa como uma contradição em termos. Tema um tanto quanto acadêmico, pode-se pensar. Mas, na verdade, grande parte do que está acontecendo diz respeito às palavras: como encontrar palavras novas, simples, verdadeiras, para substituir as velhas frases mentirosas com as quais as pessoas conviveram por tanto tempo. Os comitês encarregados de preparar as declarações do Fórum tentam desde o início assegurar que elas sejam feitas em uma linguagem nova. Infelizmente, nem sempre conseguem. Os comunicados, com sua repetição de siglas (FC, PCV), logo começam a soar como o velho oficialês.

Sete e meia da tarde. Coletiva de imprensa. Václav Klaus, com um sorriso, relata uma entrevista à imprensa do líder deposto do Partido, Miloš Jakeš, na qual ele diz que o Fórum está bem organizado. "Lamento dizer", comenta Klaus, "que nem sequer neste ponto podemos concordar com ele". A questão dos acadêmicos demitidos após 1969. Já estamos elaborando uma lista dos que devem ser readmitidos, diz um líder estudantil. Mas como encontrar lugar para eles? "Posso garantir que temos um número bastante grande de professores bem incompetentes..."

Dia Catorze (terça-feira, 30 de novembro). Quatro da tarde. Plenária. A organização interna do "centro coordenador" do Fórum. Ivan Havel, especialista em cibernética, produziu um plano extremamente impressionante e lógico, que está agora à vista de todos em um quadro-negro no palco. De repente, o teatro parece uma sala de conferências: a revolução tornou-se um seminário.

Uma das questões que estão sendo discutidas no seminário é a de como mudar a composição da Assembléia Federal, ou Parlamento. Mais uma vez emerge o conflito entre o imperativo moral da democracia e o imperativo político da ação rápida e decisiva. Há um dispositivo legal pelo qual os parlamentares podem ser "cassados", isto é, afastados, por um voto do próprio Parlamento, e substituídos por outros, nomeados — e não eleitos livremente. Esse método foi usado para expurgar o Parlamento após a invasão soviética. O professor Jičinský, um jurista constitucional afastado do Parlamento por esse mesmo método, propõe agora que os comunistas sejam pagos na mesma moeda. Outros dizem: Mas isso não é democrático, deveria haver pelo menos eleições livres para os mandatos que ficassem vagos (tal como, a propósito, aconteceu na Hungria). Mas isso levaria muito mais tempo, e tempo é o que eles não têm. Uma assembléia mais representativa é necessária agora. Portanto, é possível tomar um atalho não-democrático para a democracia?

Enquanto isso, uma delegação do Fórum participa da primeira reunião direta, bilateral, com os líderes do Partido. Os representantes do Partido são liderados por Vasil Mohorita, que, como chefe do movimento oficial da juventude, deu a permissão para a manifestação estudantil que começou tudo, e depois concordou com uma declaração condenando o uso da violência contra os manifestantes. Será que ele é o interlocutor no Partido que todos procuram?

Depois do noticiário da televisão, há uma longa entrevista com Zdeněk Mlynář, um importante membro do governo Dubček em 1968. Fora convidado a deixar o exílio em Viena e vir a Praga pelo novo líder do Partido, Karel Urbánek, e levado às pressas a uma reunião com ele após ter cruzado a fronteira na calada da noite. No seu desespero, os líderes do Partido começam a ouvir os conselhos, e procuram reconquistar a confiança dos velhos comunistas (cerca de meio milhão) que eles expulsaram e difamaram após a invasão. Mlynář é apresentado na televisão como um "cientista político de Innsbruck". O desempenho dele é altamente eloqüente, sublinhando a importância de Gorbachov e de todo o contexto internacional, como em todos os momentos decisivos anteriores da história da Tchecoslováquia (1918, 1938, 1948 e 1968). O que ele não esclarece são as medidas concretas necessárias para desmantelar o sistema comunista. No final da entrevista, tem-se a impressão de que ele está ainda fazendo um último apelo, como Dubček, pelos conceitos de 1968, por um comunismo reformado, o "socialismo de rosto humano" — em resumo, por uma idéia cujo tempo passou.

Mais tarde na mesma noite, vou a pé com o diretor teatral Petr Oslzlý pelas ruas impossivelmente belas da cidade velha, até o pequeno Teatro na Balaustrada, onde foram representadas as primeiras peças de Havel, no início dos anos 60. Hoje, como todos os demais teatros, ele é sede de um evento improvisado. Depois de uma breve conferência pronunciada por um economista, e de um debate com um coreógrafo exilado sobre como são financiados os teatros no Ocidente, um grupo tcheco de música *country* se apresenta. Em uma língua que pode ser chamada de tchinglês, eles cantam: "I got ol' time religion..." [Peguei a religião dos velhos tempos...].

Dia Quinze (sexta-feira, 1º de dezembro). Pavel Bratinka está em sua cabine de foguista no canteiro de obras do metrô, com uma enorme pilha de carvão do lado de fora da porta, uma cama improvisada e móveis de segunda mão, e diz: "De modo geral, sou favorável a uma legislatura bicameral". Ele esteve estudando essas questões durante anos, política, direito e economia, escrevendo artigos para a imprensa clandestina, e ocasionalmente para publicações ocidentais. Com ele, tem-se a rara experiência de alguém que realmente pensou em tudo por si mesmo, sem dar nada por certo. Portanto, ele está incomparavelmente seguro das posições que assume: posições que nos Estados Unidos seriam consideradas neoconservadoras. Há anos que o conheço, e que prezo sua explosiva fúria intelectual. Mas essa conversa é diferente. Pois enquanto estamos sentados na cabine encardida, Pavel com suas calças de foguista reforçadas com couro, eu fico pensando que, dentro de poucos meses, ele estará na câmara baixa de um Parlamento de verdade, vestindo um terno elegante.

Cinco da tarde. Reunião plenária. Muitas pessoas já foram nomeadas para a "equipe de crise" que permanecerá a postos neste fim de semana. Mais algum voluntário? Este é um fim de semana crítico, pois no domingo vence o prazo estabelecido pelo Fórum para o anúncio do novo governo, e então será preciso reagir à lista de Adamec. Efetivamente, quase qualquer um que o quiser, dentre todos os que compõem esse grupo heterogêneo, pode nomear-se para participar da decisão crucial. Mas todos estão simplesmente exaustos depois de duas semanas de revolução. As esposas e os filhos estão reclamando. E, ora bolas, é o fim de semana. De modo que a lista de voluntários cresce com lentidão.

A reunião se anima com a chegada de um corpulento agricultor, que acaba de interromper com êxito um congresso oficial de cooperativas agrícolas. Ele lê — ou melhor, declama — uma vigorosa declaração, que começa dizendo, "Nós, os cidadãos..." e aborda tudo, da liberdade aos fertilizantes. Depois disso, ele pede que oradores do Fórum vão ao campo. As pessoas no campo, diz, acham que a Carta 77 é um grupo de ex-presidiários.

Depois das sete, Havel e Petr Pithart voltam, também exaustos após cinco horas de negociações com o primeiro-ministro tcheco (no sentido de oposto a federal). Também nesse caso, a questão central foi a composição de um novo governo, e das mudanças nos pontos (por exemplo, a educação) que são da competência desse organismo. Por fim, chegaram a um acordo para um comunicado conjunto, após uma hora de discussão a respeito de uma única palavra — a palavra "renúncia". Vocês têm que entender o que significa para essa gente, diz Havel, assinar um comunicado conjunto conosco, que durante anos eles consideraram — ou pelo menos trataram — como criminosos perigosos.

Madrugada. O rei da Boêmia chega a seu bar favorito. "Ah, *Pane* Havel!", exclama uma moça em uma mesa vizinha, e envia o namorado para pegar um autógrafo em um maço de cigarros. Havel é um boêmio nos dois sentidos da palavra. É um intelectual tcheco da Boêmia, com um sentimento profundo pela sua terra natal. Mas também é um artista, que nunca está mais feliz do que em uma taverna, com um copo de cerveja e a companhia de amigos bonitos e divertidos. Baixo, de cabelo e bigode claros e um corpo atarracado plantado em pés pequenos, ele não aparenta seus 53 anos. Mesmo em épocas mais tranqüilas, ele é um feixe de energia nervosa, com mãos que se movem como hélices duplas e um passo bem característico, quase chaplinesco: passos curtos, ligeiramente encurvado, uma espécie de apressado arrastar dos pés. Veste-se com jeans, camisa aberta, talvez um paletó de veludo, pondo terno e gravata apenas sob extrema coação: por exemplo, para ir receber um daqueles prêmios internacionais. As negociações com o governo, em comparação, não requerem terno e gravata. Seu rosto enrugado mas infantil abre-se constantemente em um sorriso cativante, ao mesmo tempo em que, do interior dessa pequena estrutura, uma voz surpreendentemente grave retumba uma resposta atravessada. Apesar das aparências, ele tem um enorme vigor. Poucos homens teriam feito metade do que ele fez em duas semanas e continuado em pé, para não dizer falando. No entanto, aqui está ele, à uma da manhã, em seu bar favorito, rindo como se fizesse uma revolução por semana.

Dia Dezesseis (sábado, 2 de dezembro). Uma surrada sala de fundo, com uma cama quebrada e um calendário de borracharia na parede. De um lado, os editores de um jornal pirata — mas que logo será legal. Do outro, Havel, František Janouch, diretor da Fundação Carta 77, baseada em Estocolmo, e, vindo de Viena, o príncipe Karl von

Schwarzenberg, presidente da Federação Internacional de Helsinque, de paletó de *tweed* e cachimbo Sherlock Holmes. Devem ser feitos preparativos para o jornal que logo será legalizado. O príncipe toma nota das necessidades deles. A uma certa altura, fala-se da exigência de uma permissão fiscal. Havel tira da bolsa uma lista datilografada de nomes, e encontra o do ministro das Finanças. "Alguém conhece ele?", brinca. Silêncio. Schwarzenberg diz: "Que espécie de país é este, onde não se conhece o ministro?".

De repente, as pessoas aparecem com distintivos que dizem "Havel para presidente". Dizem-me que são feitos na Hungria. Havel pede timidamente, "Posso ficar com um?", e o enfia no bolso.

À noite, há uma cerimônia no palco do Lanterna Mágica, em agradecimento pela colaboração do pessoal do teatro, pois na segunda-feira eles devem retomar os espetáculos normais. Depois de discursos curtos, as luzes são diminuídas, uma exibição de fogos de artifício é projetada sobre o pano de fundo e todos cantam a versão tcheca de "*We shall overcome*", balançando de um lado para o outro com as mãos erguidas e fazendo o V de vitória. Depois disso bebemos champanhe rosé. Saindo do auditório, vejo uma figura solitária parada no *foyer*, com o copo meio erguido, indecisa, como se estivesse sendo puxada por mãos invisíveis para quatro lados ao mesmo tempo. É Havel. Sentamo-nos em um banco, e ele murmura confidencialmente: "Estou envolvido em negociações muito importantes sobre..." — e uma bela jovem chega com outra garrafa de champanhe. Depois surge alguém com um recado importante. Em seguida, outra moça bonita. Depois o príncipe Schwarzenberg. Acabo ficando sem saber nada a respeito das tais importantes negociações.

Dia Dezessete (domingo, 3 de dezembro). Outro palco, outra reunião inaugural, dessa vez do novo sindicato de escritores, no Teatro Realista. Havel diz algumas palavras, e já estava de saída quando é arrastado de volta para o palco, onde lhe dizem que ele tem que ser o presidente do novo sindicato. Eleito por aclamação, ele arrasta apressadamente os pés até o microfone e diz, obrigado, sim, muito obrigado, e que sente muitíssimo, mas tem mesmo que correr... o que ele certamente faz, pois estão quase anunciando a proposta de composição feita pelo novo governo de Adamec.

Uma péssima composição, seja dito. Após a solene declaração de Adamec sobre a proposta de um governo de técnicos de "ampla coalizão", e após a eliminação na Constituição da referência ao papel dirigente do Partido, não menos que dezesseis dos 21 nomes propostos para o novo governo são membros do Partido. Entre eles quase não há técnicos, mas, em compensação, há algumas figuras bastante comprometidas, tais como o ministro das Relações Exteriores, Jaromír Johanes. Claramente, isso é inaceitável.

Reunião de emergência na sala de fumar. O que deve ser feito? Alguns dizem que o Fórum deve tentar obter o que o povo obviamente quer: um verdadeiro governo de técnicos chefiado por Komárek. Outros dizem que isso é impossível, e que Komárek não é o homem certo. O professor Jičinský, o jurista constitucional, assinala que o Fórum corre o risco de colocar-se em um beco sem saída constitucional: pois, se não aceitarem o governo, e exigirem a renúncia do presidente até o próximo domingo, vão acabar não tendo nenhuma autoridade constitucional no país, a não ser o velho e corrupto Parlamento. Uma discussão confusa acaba com um acordo segundo o qual o Fórum deve exigir uma nova recomposição do governo, reforçando essa exigência com uma manifestação na praça Wenceslas amanhã à tarde, e a ameaça de uma greve geral na próxima semana. Petr Pithart, que passou a ser uma figura central, é escolhido para apresentar a resposta do Fórum na televisão hoje à noite, juntamente com um estudante, um ator, e Petr Miller para acrescentar a força trabalhadora. Correm para os camarins quentes e abafados para rascunhar as declarações, com Havel, o mestre-rascunhador. Agora não há nem champanhe rosé, nem risadas. A coisa é séria demais.

Mais tarde à noite, porém, há um momento que, se não é para risadas, serve ao menos para uma lágrima tranqüila. Há um concerto "para todas as pessoas que pensam direito", um concerto para comemorar a revolução. Quando Marta Kubišová sobe ao palco, o público irrompe no tipo de aplauso que costuma ser ouvido apenas depois de uma apresentação brilhante. Mas eles não a estão aplaudindo pelo modo como cantou. Estão aplaudindo seu silêncio. Quase vinte anos de silêncio. Pois Marta Kubišová, uma das mais populares cantoras dos anos 60, e heroína popular de 68, esteve proibida de aparecer em público na sua terra natal desde 1970. Quando por fim diminuem os aplausos, uma menina a presenteia com um ramo de flores, "uma para cada ano perdido". Uma figura frágil, suave, no início da meia-idade, Marta Kubišová está tão emocionada que mal consegue falar, muito menos cantar. "Obrigada, obrigada", murmura ao microfone. Depois, com o apoio de um amigo, ela canta: "Os tempos estão mudando...". É um momento de alegria, mas com um travo de amargura. Pois para a maioria do público, as canções que ela canta são história antiga — os ecos dos anos 60.

Dia Dezoito (segunda-feira, 4 de dezembro). Três e quarenta e cinco da tarde. Praça Wenceslas. Apesar do frio de rachar, a manifestação será enorme, um sucesso. Todo mundo sabe disso. As pessoas chegam à praça lentamente, casualmente, como se há anos fizessem isso. Pouco antes das quatro, começam a esquentar-se com os gritos já familiares: "Agora é a hora!", "Renúncia!" e a chacoalhar as chaves. "Vivam os estudantes!", gritam — será que há qualquer outra cidade no mundo onde se possa ouvir isso? — e "Vivam os atores!". Depois disso vêm os oradores oficiais — quer dizer, oficiosos oficiais — lendo com lentidão declarações meio complicadas, cheias de "FC e PCV". "Viva o Fórum", gritam eles, mesmo assim. Apoio estrondoso à greve geral no dia 11 de dezembro. Uma apresentação elegante e teatral de Radim Palouš, que lê a proposta de cassação dos membros comprometidos da Assembléia Federal, a saber, diz ele — pausa — e então, como uma chicotada, "Jakeš". Assobios e apupos. E assim por diante por toda a lista de gorilas: Fojtík, Indra, Bilak. "Que seja feito", diz a multidão. E, vindo de um lado da praça: "Façam como os alemães!". (Querendo dizer os alemães-orientais, pois esta manhã chegou a notícia de que Erich Honecker *et al* haviam sido expulsos do Partido e postos em prisão domiciliar.) Mas "como os alemães" é como os líderes do Fórum não querem fazer. Querem fazer como os tchecos, ou seja, suavemente, com tolerância, sem ódio ou vingança.

Por fim, a voz límpida de Václav Malý, lendo a declaração do Fórum: a exigência de eleições livres até o fim de junho de 1990, no máximo, com a nova indicação de que o Fórum proporá ou endossará candidatos. A formação de um genuíno governo de coalizão até o próximo domingo, caso contrário o Fórum proporá seu próprio candidato; o Fórum e o PCV na Eslováquia declaram-se os fiadores da transição para um Estado democrático baseado no domínio da lei. "Viva o Fórum!" Então, em um último toque que beira o cafona, o rechonchudo astro popular Karel Gott (um favorito das donas de casa) e o exilado Karel Kryl saem para o balcão juntos, para reger o(s) hino(s) nacional(is), o lento e emocionante primeiro verso em tcheco, e o segundo, animado e em ritmo de dança, em eslovaco.

Volto a pé para o hotel, onde a televisão traz notícias da bem-sucedida conferência de Malta, e da subseqüente reunião de Gorbachov com os líderes do Pacto de Varsóvia em Moscou, e depois, separadamente, com Urbánek e Adamec. Há um relato do afastamento dos líderes comunistas na Alemanha Oriental. Mais tarde, uma notícia de última hora: os cinco Estados do Pacto de Varsóvia que invadiram a Tchecoslováquia em 1968 denunciaram e condenaram essa invasão como uma intervenção nos assuntos internos tchecoslovacos.

De modo que qualquer criança pode ver para que lado estão soprando os ventos internacionais. Esta será sem dúvida uma semana de negociações tensas e tortuosas. Mas é difícil ver que outra alternativa têm as autoridades, além de fazer mais concessões. Estão entre a espada da revolta popular e a parede de um contexto internacional totalmente transformado, simbolizado pela conferência de cúpula de Malta e por essa declaração do Pacto de Varsóvia. "De Yalta a Malta" para o mundo, de Husák a Havel para Praga.

Uma caminhada de fim de noite pela cidade velha, envolta em brumas. Após vinte longos anos, a bela adormecida da Europa Central despertou. Os cartazes improvisados nas vitrines mereceriam um artigo à parte. "A unidade é a força", dizem. "Povo, abra os olhos." E: "O coração da Europa grita por liberdade".

Nesse momento o Fórum teve que sair do Lanterna Mágica e eu, infelizmente, tive que deixar Praga. A semana que se seguiu foi provavelmente tão importante quanto as duas que a precederam, mas outra pessoa terá que fazer a crônica dos seus dramas internos. Na terça-feira houve mais conversações, inconclusivas, com Adamec. Na quarta, ele ameaçou renunciar e na quinta o fez. O seu ex-vice, o eslovaco Marián Čalfa, foi chamado pelo presidente Husák para formar um novo governo. O Fórum disse que seria possível chegar a um acordo com ele, e fez algumas "sugestões" para o novo gabinete. (Uma semana antes eles haviam dito que "o FC não aspira a nenhum posto ministerial", mas uma semana de política revolucionária é muito tempo.)

Seguiram-se conversações de "mesa-redonda" entre representantes de todos os partidos oficiais — principalmente, é claro, os comunistas, liderados aqui por Vasil Mohorita —, os do Fórum, liderados por Havel, e os do Povo Contra a Violência, liderados por Ján Čarnogurský.

Tal como na Polônia, a "mesa-redonda" tinha na verdade dois lados. Na Polônia, a mesa-redonda durou dois meses; na Tchecoslováquia, dois dias. Precisamente na data limite do Fórum, 10 de dezembro, Dia Internacional dos Direitos Humanos, Gustáv Husák empossou o novo governo e em seguida renunciou à Presidência.

Václav Havel leu os nomes do novo ministério para a multidão em júbilo na praça Wenceslas. Praticamente todos os nomes "sugeridos" pelo Fórum estavam presentes na lista. Ján Čarnogurský passou, em apenas duas semanas, de prisioneiro político à espera de uma sentença dura a um dos chamados "primeiros vice-premiês" da Tchecoslováquia, com responsabilidade parcial pelo aparelho de segurança que por tanto tempo o tinha molestado e perseguido. Numa solução de compromisso, posto que os dois lados não puderam chegar a um acordo sobre um ministro do Interior, ele dividiria inicialmente essa responsabilidade com o premiê, Marián Čalfa, e o outro "primeiro vice-premiê", nosso velho amigo chefe do Instituto de Prognósticos, *Pan Docent* Valtr Komárek, doutor em Ciências. Komárek teria a responsabilidade geral pela política econômica, tendo às suas ordens dois outros membros do seu instituto: Vladimír Dlouhý (tal como Komárek, membro do Partido) e, previsivelmente, Václav Klaus, o brilhante friedmanista, como ministro das Finanças. (De modo que agora o príncipe Schwarzenberg pode ficar descansado: o ministro *é* conhecido.)

Como em um conto de fadas, Jiří Dienstbier passou de foguista a ministro das Relações Exteriores. De maneira quase tão notável quanto Dienstbier, Miroslav Kusý, um conhecido filósofo eslovaco e signatário da Carta 77, expulso do Partido como tantos outros, assumiu o Departamento Federal de Imprensa e Informação. Petr Miller, O Trabalhador, tornou-se ministro do Trabalho e Assuntos Sociais. Os partidos outrora títeres, mas agora independentes, o Socialista e o Popular, ganharam duas pastas cada um. Embora o primeiro-ministro ainda fosse comunista, apenas oito outros ministros (de um total de 21) eram membros do Partido, e destes, dois — Komárek e Dlouhý — identificavam-se mais com o Fórum do que com o Partido.

Foi um triunfo extraordinário a uma velocidade inacreditável. A greve geral do dia seguinte foi obviamente cancelada: em vez disso, as sirenes das fábricas apitaram e os sinos tocaram. Nessa mesma semana, Klaus e Čarnogurský já estavam anunciando mudanças fiscais e legais que poriam o país no caminho da economia de mercado e do domínio da lei: o caminho conjurado aparentemente a partir do nada nos escaldantes camarins e corredores do Lanterna Mágica apenas duas semanas antes. No domingo seguinte, Jiří Dienstbier cortou o arame farpado da cortina de ferro na fronteira entre a Tchecoslováquia e a Áustria, manejando o gigantesco alicate com seu colega, o ministro do Exterior austríaco, Alöis Mock. Os estudantes fizeram outra manifestação, percorrendo exatamente o mesmo caminho do Dia Um, apenas um mês antes: ao longo da margem, à direita no Teatro Nacional, subindo a avenida Národní até a praça Wenceslas. Dessa vez eles não foram recebidos por policiais armados de cassetetes, nem por capacetes brancos ou boinas vermelhas, pois dessa vez os policiais estavam, verdadeiramente, sob o controle deles.

Tal como na Polônia e na Hungria, uma questão excepcional foi a eleição de um novo presidente. O Fórum decidiu de imediato que seu candidato seria Havel, para o período de transição até as eleições livres, e que ele deveria ser eleito o mais rapidamente possível pela Assembléia Federal. O Partido, em compensação, descobriu subitamente uma ardente paixão pela democracia, e disse que o próximo presidente deveria ser eleito por uma eleição popular direta, que exigiria mais tempo para ser organizada, e que, esperança que o Partido nutria com carinho, Havel poderia até perder. (Note-se que o Partido húngaro havia tentado aplicar o mesmo golpe.) Houve também um importante espetáculo complementar, a respeito de uma posição adequada para Dubček, com a sua importância como um símbolo histórico, comunista reformista e, não menos importante, eslovaco. Mas as duas disputas foram logo resolvidas por negociações entre o Fórum e o Partido, e entre Havel e Dubček, pessoalmente. Eles concordaram que Dubček deveria tornar-se presidente da Assembléia Federal, e que Havel deveria ser presidente. O Partido teve que engolir ambos, o homem de 68 e o homem de 89.

Dia 28 de dezembro, a Assembléia Federal elegeu Dubček e, dia 29, sob a presidência de Dubček, em uma cerimônia festiva no salão da coroação do Castelo de Praga, Václav Havel foi eleito presidente daquilo que ainda era chamado de República Socialista da Tchecoslováquia. Seguiu-se uma missa solene na catedral, conduzida pelo homem que Václav Malý dissera ser o terceiro grande símbolo desses acontecimentos, o cardeal František Tomášek. À noite houve uma esplêndida festa, e o povo dançou nas ruas. Havia um segundo presidente-libertador na cadeira de Masaryk.

É claro que haveria inúmeros obstáculos no caminho para as eleições livres, marcadas para junho de 1990. No entanto, a menos que ocorresse um grande desastre (interno ou externo) parecia agora certo que a Tchecoslováquia estava no mesmo caminho que a Polônia e a Hungria, que a Alemanha Oriental (de maneira especial e complicada) e, talvez, que a Bulgária e a Romênia: o caminho do comunismo para a democracia. A ruptura acontecera.

Os "dez dias" levaram 24. Aquilo que eu descrevi aqui é apenas uma pequena parte da história, ainda que central. Existem muitas outras partes vitais que outros terão que contar: por exemplo, a história do ponto de vista do Partido e, por que não, os detalhes das negociações reais. Ainda é cedo para fazer um balanço. Mas já se podem aventurar algumas reflexões provisórias.

Por que aconteceu em novembro? A verdadeira pergunta seria outra: por que não aconteceu antes? Historicamente, a Tchecoslováquia era o Estado mais democrático da região antes da guerra. Geograficamente, Praga está a oeste de Viena. Culturalmente, ela é *a* cidade européia central. A lacuna entre o *pays réel* e o *pays légal* surrealista e mentiroso — o reino do esquecimento de Husák — crescia cada vez mais. Nos últimos dois anos, aumentou significativamente o número dos que estavam dispostos a dizer o que realmente pensavam. Houve as centenas de milhares de fiéis que assinaram a petição por liberdade religiosa. Houve as 40 mil pessoas que assinaram o manifesto das "Várias Sentenças". Houve os estudantes e os atores. Uma vez iniciada a transformação nas vizinhas Polônia e Hungria, tinha-se a impressão de que era apenas uma questão de tempo antes que as coisas começassem a mudar na Tchecoslováquia.

E assim foi. Mas a Alemanha Oriental tomou a dianteira. E se perguntarmos, "Por que a revolução aconteceu tão rápido na Tchecoslováquia?", a resposta simples será, "porque os tchecos vieram por último". A Alemanha Oriental foi a última gota: vista, lembrem-se, não só na televisão, mas também na própria Praga, quando os fugitivos alemães-orientais inundaram a embaixada da Alemanha Ocidental. O orgulho nacional foi provocado. A mudança rápida era claramente possível e permitida, encorajada até, por Gorbachov. Todos estavam prontos. Do público no Teatro Realista no primeiro sábado, que aplaudiu de pé a exigência de greve geral feita pelos atores às multidões gritando "Agora é a hora" na praça Wenceslas, dos jornalistas que começaram imediatamente a dar notícias verdadeiras aos trabalhadores, os quais não hesitaram nem um instante para entrar em greve: todos estavam prontos. Todos sabiam, graças à experiência dos vizinhos, que podia ser feito.

Mais que isso, os vizinhos haviam dado algumas idéias de como deveria ser feito. Na verdade, a Tchecoslováquia beneficiou-se, e o que aconteceu lá foi a culminação de um processo de aprendizagem da Europa Central que durou dez anos — com a Polônia saindo à frente, mas pagando o preço mais alto. Uma greve de ocupação dos estudantes? Claro, como na Polônia! Não-violência? O primeiro mandamento de todas as oposições da Europa Central. Partidos títeres voltando à vida? Como na Alemanha Oriental. Uma "mesa-redonda" para negociar a transição? Como na Polônia e na Hungria. E assim por diante. Politicamente, a Tchecoslováquia tinha aquilo que os historiadores econômicos chamam de "a vantagem do atraso". Eles podiam aprender com os exemplos alheios. E com os erros.

No entanto, mesmo depois que tudo isso havia sido dito, ninguém em Praga podia resistir à sensação de que outra causa adicional, supra-racional, estava em ação. O *Weltgeist* de Hegel, disseram alguns. Agnes da Boêmia, propuseram outros. "O mundo inteiro está indo da ditadura para a democracia", explicou um terceiro em entrevista a um jornal. Como explicar o agente supra-racional é uma questão de escolha pessoal. Quanto a mim, prefiro ficar com os anjos.

Se houve anjos em ação, houve também demônios. Viu-se mais de uma vez de que maneira os demônios da ambição, da vaidade, do orgulho, os pequenos vermes da corrupção, contorcendo-se para abrir caminho para as entranhas do Lanterna Mágica. Levando-se tudo em conta, porém, a assembléia central do Fórum nas terras tchecas foi um organismo impressionante. Era tão democrático quanto podia razoavelmente ser, dadas as circunstâncias. Tinha um notável bom humor. Demonstrava genialidade para a improvisação. Profundas diferenças de orientação política, fé e atitudes eram geralmente subordinadas ao bem comum. Alcançou-se um razoável equilíbrio entre os imperativos moral e político. Acima de tudo, homens e mulheres, que por vinte anos haviam sido privados das mais básicas possibilidades de articulação política, foram capazes de reunir-se e dizer, em questão de dias: "Isto é o que queremos, é assim que deveria ser o rosto da nova Tchecoslováquia". E é um rosto que resiste ao exame.

Mesmo assim, eles tiveram muita sorte. Até em comparação com os movimentos de oposição na Polônia, na Hungria e na Alemanha Oriental, foi uma política de amadores. Houve diversos momentos na segunda semana em que se tinha a impressão que eles estavam perdidos no emaranhado de exigências, de longo e curto prazo, morais, simbólicas e políticas. Esquecer aquelas importantes alavancas do poder, os ministérios da Defesa e do Interior, em uma reunião sobre a composição do novo governo, pode parecer descuido para um observador frio e crítico. Aparecer com essa exigência no dia seguinte, em uma carta rascunhada às pressas, pode parecer, para o observador frio e crítico, mais teatro que política. Mas tal era a maré de sentimento popular, e tão favoráveis eram os ventos do exterior, que no fim deu tudo certo.

"Infeliz a terra que precisa de heróis!", grita o Galileu de Brecht. Infeliz a terra que precisa de revoluções. Os vinte anos, e em muitos sentidos, os quarenta anos, foram realmente perdidos. Vidas foram arruinadas. Foram feitos danos que nunca poderiam ser reparados. Mas se uma terra tem que ter revoluções, seria difícil imaginar uma revolução melhor que a da Tchecoslováquia: rápida, quase inteiramente não-violenta, alegre e engraçada. Uma revolução risonha. Veio sem a concomitante (e precipitante) crise econômica da Polônia e da Hungria. Mais ainda, a mudança foi tão rápida — em um mês, Komárek, Dlouhý e Klaus já estavam no governo, tomando as medidas necessárias — que a Tchecoslováquia teve uma oportunidade real de fazer a mais ampla transição da ditadura para a democracia, e de uma economia planificada para uma de mercado, com relativamente menos sofrimento econômico que os seus vizinhos. Devo, todavia, enfatizar a palavra "relativamente".

De maneira que, na época do Natal, as imagens que guardei da minha partida tinham que ser de felicidade. Felicidade coletiva, como se via na praça Wenceslas, mas sobretudo felicidade individual. Pensei em Pavel, planejando a legislatura bicameral em sua cabine de foguista. Pensei em Petr, que ganhou um novo capítulo para sua história da Tchecoslováquia, que seria publicada legalmente. Pensei em Rita, preparando-se para seu novo trabalho como embaixadora em Washington. Pensei em Jiří, agora encarregado da política externa da República (Socialista?) da Tchecoslováquia. E pensei em Václav — aliás, Wenceslas — fazendo um brinde de Natal.

Sentimental? Absurdamente. Mas bastam para um dia os males que há nele. Pelo menos por alguns dias, podíamos com certeza regozijar-nos. O gelo derretera. Após vinte anos, os relógios começaram a funcionar de novo em Praga. O mais ocidental de todos os países europeus ditos orientais estava retomando sua própria história.

O ANO DA VERDADE

Este foi o ano em que o comunismo morreu na Europa Oriental. 1949-1989 *RIP*: E o epitáfio poderia ser:

> *Nada na vida dele*
> *Ficava-lhe melhor que o deixá-la.*

Aquilo que após 1949 se instalara em todos os territórios redefinidos da Polônia, Tchecoslováquia, Hungria, Romênia e Bulgária, e na recém-criada Alemanha Oriental, chamado, segundo o ponto de vista, "socialismo", "totalitarismo", "stalinismo", "ditadura politburocrática", "socialismo realmente existente", "capitalismo de Estado", "ditadura sobre as necessidades" ou, de maneira mais neutra, o "sistema de tipo soviético" — essa coisa nunca mais vai funcionar. E, presumivelmente, se não podemos mais falar de comunismo, também não podemos mais falar de Europa Oriental, pelo menos não com O maiúsculo. Em vez disso, teremos a Europa central novamente, a Europa central oriental, a Europa do sudeste, a Europa oriental com *o* minúsculo e, acima de tudo, povos, nações e Estados individuais.

É verdade que mesmo sem um retrocesso político-militar na União Soviética haverá muitos outros conflitos, injustiças e misérias nessas terras. Mas serão conflitos, injustiças e misérias diferentes: novos e antigos problemas, pós-comunistas, mas também pré-comunistas. Na pior das hipóteses, pode ainda haver novos ditadores, mas serão ditadores diferentes. Não veremos novamente esse sistema particular, caracterizado pela concentração de poder político e econômico e dos instrumentos de coerção nas mãos de um único partido leninista, manifestado sociologicamente como uma nova classe privilegiada, em Estados com sua soberania arbitrariamente limitada.

É claro que, se andarmos pelas ruas de Praga, Varsóvia, ou Leipzig, poderemos ainda encontrar os mesmos traços cinzentos e familiares: as invariáveis fachadas neoclássicas stalinistas dando para todas as praças da Vitória, as avenidas, siderúrgicas e estaleiros Lenin, os funcionários calvos de meia-idade com suas mentiras pré-fabricadas, os formulários de papel vagabundo para serem preenchidos em quadruplicata, as filas, a atitude de "Vocês fingem que nos pagam e nós fingimos que trabalhamos". Mas até mesmo as marcas físicas estão sendo removidas com uma rapidez que deve causar alguma ansiedade aos que se preocupam com a preservação do patrimônio histórico. (Na Polônia há um esquema para preservar todos os velhos acessórios em um parque de diversões. O nome proposto é Stalinlândia.)

Se 1989 foi o fim, quando foi o começo do fim? Lendo a imprensa, ou ouvindo a sra. Thatcher falar, tem-se a impressão de que a história começou com Gorbachov. No outro extremo, alguns dirão que o comunismo na Europa Oriental nasceu condenado ao fracasso. Esta tese, por sua vez, pode ser colocada de diversas maneiras. Pode-se dizer que o comunismo era incompatível com a cultura política da Europa Central do Leste, embora isso não esclareça muito bem por que razão essa cultura deveria parar na fronteira ocidental da União Soviética. Como alternativa, pode-se dizer que o comunismo é uma idéia estupenda que fracassou só porque os povos da Europa Oriental não chegaram até ele por si mesmos, e sim devido à imposição de uma potência estrangeira que, por sua vez, não o entendia muito bem. Ou pode ser dito que o comunismo é incompatível com a natureza humana, e ponto. Seja por uma deformidade congênita, seja em virtude de um horrível parto por fórceps, a morte já fora predeterminada no nascimento. Entre essas duas posições extremas, algumas pessoas nos países em questão poderiam assinalar várias "oportunidades perdidas" ou momentos decisivos em que a história da Europa Oriental deixou de decidir-se: 1956 e 1968 são os principais candidatos nessa categoria.

Como costuma acontecer, há um elemento de verdade em todas essas afirmações, embora mais em umas que em outras. Churchill declarou: "Não me tornei primeiro-ministro do rei para presidir à liqüidação do Império britânico", para em seguida fazer quase exatamente isso. Gorbachov chegou ao poder propondo salvar o Império soviético e está presidindo à sua desintegração. Que Moscou tenha permitido que os países "satélites" decidam como querem governar-se foi claramente um *sine qua non*. Mas a natureza e a direção dos processos de autodeterminação política interna não podem ser entendidas pelo estudo das políticas soviéticas. As causas estão em outra parte, na história de cada país, nas suas interações com os seus vizinhos na Europa do Leste e com a Europa mais livre e próspera que está a oeste, ao norte e ao sul deles.

Se eu tivesse que designar uma única data para o "começo do fim" nessa história *interna* da Europa Oriental, seria junho de 1979. Isso pode parecer excessivamente polonocêntrico, mas realmente acredito que a primeira peregrinação do Papa à Polônia foi um momento decisivo. Ali, pela primeira vez, vemos essa manifestação maciça, ininterrupta e, no entanto, extremamente pacífica e autodisciplinada de unidade social, a multidão comedida contra o Estado-Partido, que foi tanto a marca como o catalisador interno essencial das mudanças de 1989, em todos os países, com exceção da Romênia (e mesmo na Romênia, a violência não partiu inicialmente das multidões). A visita do

Papa foi seguida, pouco mais de um ano depois, pelo nascimento do Solidariedade, e sem essa visita é duvidoso que tivesse havido um Solidariedade.

O exemplo do Solidariedade foi fecundo, inaugurando um novo tipo de política na Europa Oriental (e não só lá): uma política de auto-organização e de negociação da transição do comunismo. Os protagonistas, os procedimentos e as questões de 1980-81 na Polônia foram fundamentalmente diferentes de qualquer coisa vista na Europa do Leste entre 1949 e 1979: em vários aspectos, eles pressagiavam o que foi visto em toda a Europa Oriental em 1989. Se há alguma verdade nessa análise, houve então algo de especialmente adequado no fato de ter sido em 1989 que o líder russo e o Papa polonês finalmente se encontraram. De modos diferentes, ambos começaram tudo.

Para encontrar, na história européia, um ano comparável a 1989, teríamos que voltar para muito antes de 1979, ou de 1949. 1789 na França? 1917 na Rússia? Ou, mais perto de nós, 1918-19 na Europa Central? Mas 1918-19 veio na esteira de uma guerra mundial. O paralelo mais próximo é com certeza 1848, a primavera das nações. No espaço de uns quantos parágrafos, comparações como essas não são muito mais que jogos de salão. Contudo, assim como os jogos de salão, elas podem ser divertidas, e ajudar a concentrar as idéias.

Segundo A. J. P. Taylor, 1848 aconteceu "após quarenta anos de paz e estabilidade", enquanto Lewis Namier, com uma aritmética um pouco menos elegante, descreve esse ano como "o resultado de 33 criativos anos de paz européia, cuidadosamente mantida sobre bases conscientemente contra-revolucionárias". A revolução, escreve Namier, "nasceu pelo menos tanto de esperanças quanto de descontentamentos". Houve, é claro, uma base econômica e social: colheitas fracas e a doença da batata. Mas "o denominador comum foi ideológico". Ele cita o exilado Luís Filipe, declarando ter cedido a *une insurrection morale*, e o rei Guilherme de Württemberg desculpando-se com o ministro russo em Stuttgart, um certo Gorchakov, com as palavras: "*Je ne puis pas monter à cheval contre les idées*". E Namier chama seu magnífico ensaio de "A revolução dos intelectuais".

Também 1989 surgiu das comemorações de "quarenta anos de paz e estabilidade na Europa". Lembram-se do quadragésimo aniversário da OTAN em maio? Na "Europa de Yalta", assim como na "Europa de Viena" no século passado, a questão era a mesma: paz e estabilidade *para quem*? Homens e mulheres comuns da Europa Central e Oriental sentiram o lado áspero de ambas. Também nesse caso, uma aritmética mais estrita reduziria os quarenta anos a 33, pois talvez tenha sido apenas depois do esmagamento da revolução húngara de 1956 que os russos puderam ter toda a certeza de que o Ocidente não interviria para perturbar essa paz — cuidadosamente mantida sobre bases contra-revolucionárias.

Uma revolução nascida tanto de esperanças quanto de descontentamentos? Sim, também. É verdade que os "descontentamentos" econômicos estavam presentes, esmagadoramente na Polônia e na Romênia e persistentemente, embora de modo menos dramático, nos demais países. Com relação a isso, o historiador Fritz Stern evocou apropriadamente a declaração de Mirabeau às vésperas da Revolução Francesa: "O déficit da nação é o tesouro da nação". Troque-se o "déficit" por "dívida em moeda forte" e tem-se uma das razões pelas quais a Polônia e a Hungria encabeçaram a ação na primeira metade de 1989. Mas, ao contrário da Polônia em agosto de 1980, não foi o aperto dos parafusos econômicos que precipitou os protestos populares de massa nos países da Europa Oriental. Foram as esperanças políticas — a indignação pela repressão com que os regimes locais tentaram amordaçar essas esperanças.

Esta também pode ser chamada, como 1848, de "uma revolução dos intelectuais". É verdade que foram as renovadas demonstrações de força dos operários, em duas ondas de greves em 1988, que acabaram levando os comunistas da

Polônia à primeira Mesa Redonda em 1989. É verdade que foram as manifestações de rua em todos os demais países europeus orientais que derrubaram os velhos dirigentes. Mas a política da revolução não foi feita pelos operários ou pelos camponeses, e sim pelos intelectuais: o dramaturgo Václav Havel, o medievalista Bronisław Geremek, o editor católico Tadeusz Mazowiecki, o pintor Bärbel Bohley em Berlim, o regente Kurt Masur em Leipzig, os filósofos János Kis e Gaspár Miklós Támás em Budapeste, o professor de engenharia Petre Roman e o poeta Mircea Dinescu em Bucareste. A história superou Shelley, pois os poetas foram os legisladores reconhecidos deste mundo. As multidões na praça Wenceslas gritavam "Vivam os estudantes! Vivam os atores!". E a sociologia dos fóruns (Novo, Democrático, Cívico), partidos e candidatos parlamentares da oposição é claramente comparável à do Parlamento de Frankfurt ou à do Congresso Eslavo de Praga. *Hundert zwanzig Professoren...*

Tal como em 1848, o denominador comum foi ideológico. A história interna dessas revoluções é a de um conjunto de idéias cuja hora chegou, e de um conjunto de idéias cuja hora passou. À primeira vista, isso pode parecer uma declaração surpreendente. Pois a ideologia não havia deixado de ser uma força ativa muitos anos antes? Com certeza os dirigentes não acreditavam mais em uma palavra das tolices que declamavam, nem esperavam que seus súditos acreditassem nelas, e nem sequer tinham esperanças de que seus súditos acreditassem que eles, os dirigentes, acreditavam nelas? Isso é provavelmente verdadeiro na maior parte dos casos, embora não se possa saber no que um velho como Erich Honecker, comunista desde o início de sua juventude, ainda acreditava genuinamente. (Não se deve nunca subestimar a capacidade humana para a auto-ilusão.)

No entanto, uma das coisas que essas revoluções mostraram, *ex post facto*, foi quão importantes ainda eram os resíduos de ideologia. Poucos dirigentes se contentam em dizer simplesmente: "Nós temos metralhadoras Gatling e vocês não!", ou "Estamos no poder porque estamos no poder". A ideologia proporcionava uma legitimidade residual, e talvez permitisse também que os dirigentes, e seus servidores politburocráticos, se iludissem pelo menos parcialmente quanto à natureza do seu próprio domínio. Ao mesmo tempo, ela era vital para a ocupação semântica da esfera pública. A combinação de censura e um monopólio quase completo do Estado-Partido sobre os meios de comunicação constituía o exército de ocupação semântica. A ideologia, na sua forma rebaixada e rotinizada de novilíngua, era a munição. Por mais desprezadas e desacreditadas que estivessem essas estruturas de mentira organizada, elas continuavam a exercer uma tremenda ação bloqueadora. Já não mobilizavam ninguém, mas ainda impediam a articulação pública de aspirações compartilhadas e verdades comuns.

Além disso, ao exigir do cidadão comum os sinais semânticos aparentemente inócuos de conformidade exterior, o sistema conseguiu, de certo modo, implicá-lo nisso. É fácil agora esquecer que, praticamente até ontem, quase todos na Alemanha Oriental ou na Tchecoslováquia estavam vivendo uma vida dupla: dizendo sistematicamente uma coisa em público e outra em particular. Este foi um tema central da obra ensaística de Václav Havel na última década, e ao qual ele voltou emocionantemente em seu discurso de ano-novo como presidente em 1990. O pior, disse ele, era "a devastação do ambiente moral. Estamos todos moralmente doentes, pois nos acostumamos todos a dizer uma coisa e pensar outra". E: "Todos nós ficamos acostumados ao sistema totalitário, aceito como um fato inalterável, e portanto o mantivemos em funcionamento... Nenhum de nós é meramente uma vítima dele, porque todos nós ajudamos a criá-lo juntos". A "linha de conflito" fundamental, escrevera anteriormente, não passa entre o povo e o Estado, mas antes através de cada indivíduo, "pois cada um, a seu modo, é ao mesmo tempo vítima e sustentáculo do sistema". Uma faixa que vi em cima do altar em uma igreja de Berlim Oriental exprimia vividamente o mesmo pensamento básico: "Eu sou Caim *e* Abel".

De modo a entender o que significava para as pessoas comuns participar daquelas vastas multidões nas praças da Europa Central, gritando suas próprias e espontâneas palavras de ordem, é preciso antes um esforço de imaginação para entender a sensação de se ver obrigado a pagar uma taxa diária de hipocrisia. Reunindo-se e gritando juntos, aqueles homens e mulheres não estavam apenas curando divisões na sua própria sociedade; estavam curando divisões neles mesmos. Tudo o que tivesse relação com a palavra, com a imprensa, com a televisão, era de uma importância primordial para essas multidões. A ocupação semântica era, para elas, tão ofensiva quanto a ocupação militar; limpar o ambiente lingüístico era tão vital quanto limpar o ambiente físico. A longa fila que se formava todas as manhãs na praça Wenceslas, esperando pacientemente na neblina gelada por um jornal chamado *A Palavra Livre*, foi, para mim, uma das grandes imagens simbólicas de 1989.

O lema do ano — e não só na Tchecoslováquia — foi *Pravda Vitězí*, a velha palavra de ordem hussita adotada por Masary, "A verdade prevalecerá", ou, no latim ainda mais antigo, *Magna est veritas et praevalebit*. Assim como se fala de uma "hora da verdade" em algum empreendimento, esse foi o ano da verdade para o comunismo. Em certo sentido, verdadeiro, esses regimes viveram pela palavra e pereceram pela palavra.

Pois o que foi que aconteceu, afinal de contas? Alguns milhares de pessoas, que passaram a dezenas de milhares e depois a centenas de milhares, saíram às ruas. Falaram umas poucas palavras. "Renunciem!", disseram. "Não seremos mais escravos!" "Eleições livres!" "Liberdade!" E os muros de Jericó caíram. E, com eles, os partidos comunistas simplesmente desmoronaram. Com espantosa rapidez. Até o final de 1989, o Partido Socialista dos Trabalhadores da Hungria tinha-se partido ao meio, e a maioria de seus filiados o havia simplesmente abandonado. Em janeiro de 1990, ocorreu o mesmo com o Partido Operário Unificado da Polônia. Em três meses, o Partido de Unidade Socialista da Alemanha Oriental perdeu o papel dirigente, o nome e pelo menos metade de seus membros. A podridão interna desses partidos lembrou a observação de um poeta alemão em 1848: "A monarquia está morta, apesar de os monarcas ainda viverem".

Com a única e notável exceção da Romênia, essas revoluções também foram singulares pela ausência quase total de violência. Tal como o Solidariedade em 1980-81, elas foram aquela contradição em termos histórica, a "revolução pacífica". Nenhuma bastilha foi atacada, nenhuma guilhotina foi erguida. Os postes foram usados apenas para a iluminação pública. Só a Romênia viu tanques e pelotões de fuzilamento. Em todos os demais lugares, a única violência foi empregada no início pela polícia. Os jovens manifestantes em Berlim Oriental depositavam velas diante da polícia, que respondia com cassetetes. A Marselhesa de 1989 não dizia "*aux armes, citoyens*", mas "*aux bougies, citoyens*". O fundamento lógico e a tradição da não-violência podem ser encontrados na história de todas as oposições democráticas da Europa Central do Leste ao longo da década de 80. Tratava-se de uma posição em parte pragmática: o outro lado tinha todas as armas. Mas era também ética. Era uma afirmação de como as coisas deveriam ser. Eles queriam começar do mesmo modo que pretendiam continuar. A história, disse Adam Michnik, tinha-lhes ensinado que aqueles que começam atacando bastilhas acabam construindo as suas próprias.

Mas quase tão notável, historicamente falando, foi a ausência (até agora, e com a clara exceção da Romênia) de uma grande violência *contra*-revolucionária. A polícia agiu com brutalidade na Alemanha Oriental até, e principalmente durante, o quadragésimo aniversário do Estado, em 7 de outubro, e na Tchecoslováquia até o dia 17 de novembro, e principalmente nesse dia. Na Polônia, a sistemática mobilização de força contra-revolucionária durou mais de sete anos, da declaração de um "estado de guerra" no dia 13 de dezembro de 1981 até a primavera de 1989. Mas uma vez que as revoluções (ou, no caso da Polônia e da Hungria, as "refoluções") se puseram em marcha, houve uma espantosa ausência de contramedidas coercitivas. Os dirigentes comunistas disseram, como Guilherme de Württemberg, "Não posso montar a cavalo contra idéias". Mas somos forçados a perguntar: por que não? Grande parte da história moderna da Europa Central consistiu precisamente em dirigentes montando a cavalo contra idéias. Grande parte da história contemporânea da Europa Central, a partir de 1945, consistiu em dirigentes montando em tanques contra idéias. Até 1989, o lema mais adequado para qualquer história da região não foi "Pravda Vitězí", mas alguns versos do poeta polonês do século XIX, Cyprian Norwid:

Exércitos colossais, valentes generais,
Polícia secreta, aberta, e dos sexos os dois —
Contra quem se juntaram eles?
Contra umas quantas idéias... nada de novo!

Por que, então, foi diferente em 1989? Três motivos podem ser sugeridos, e poderiam ser intitulados "Gorbachov", "Helsinque" e "Tocqueville". A nova política soviética, batizada por Gennady Gerasimov, no dia 25 de outubro, de Doutrina Sinatra — "I had it my way", citou ele, erroneamente — em vez da Doutrina Brejnev, foi evidentemente crucial. Na Alemanha Oriental, Moscou não só deixou claro que as tropas soviéticas não estavam disponíveis para questões de repressão interna, como também, aparentemente, fez o que pôde para que todos ficassem sabendo — no Ocidente, mas também no país em questão — que esta era sua posição. Na Tchecoslováquia, a União Soviética ajudou a revolução, escolhendo o momento certo para a condenação retrospectiva da invasão pelo Pacto de Varsóvia em 1968. Por toda a Europa Central do Leste, as pessoas finalmente se beneficiaram da crônica dependência das suas elites dirigentes em relação à União Soviética, pois, sem a muleta das Kalashnikov soviéticas, essas elites ficaram sem nenhuma perna sobre a qual se apoiar. A Romênia foi a exceção que confirma a regra. Não foi por acaso que tenha sido precisamente no Estado que durante mais tempo foi o mais *in*dependente de Moscou que foi mais feroz, sangrenta e prolongada, a resistência do braço de segurança das autoridades depostas.

Mesmo assim, o fator "Gorbachov", por si só, não basta para explicar por que essas elites dirigentes não empregaram com mais vigor as suas próprias polícias e forças de segurança, ainda formidáveis, como último recurso de defesa dos seus próprios poder e privilégio. Seria fantasioso demais sugerir que a enfadonha e persistente repetição do Ocidente sobre certas normas internacionais de conduta interna, que o anseio dos líderes do Leste europeu pela respeitabilidade internacional e a palpável ligação desta com os créditos em moeda forte que eles tanto necessitavam — em resumo, que o fator "Helsinque" tenha tido pelo menos parte da responsabilidade pela contenção daqueles que, de outro modo, poderiam ter dado a ordem de atirar?

Mas nada disso os teria parado se ainda estivessem convencidos do seu direito a governar. O terceiro fator, talvez decisivo, foi aquela característica das situações revolucionárias descrita por Alexis de Tocqueville há mais de um século: a perda da crença da elite dirigente no seu próprio direito de dirigir. Algumas crianças saíram às ruas e gritaram algumas palavras. A polícia as espancou. As crianças disseram: Vocês não tem o direito de nos espancar! E os dirigentes, os grandes e poderosos, retrucaram, com efeito: É mesmo, não temos o direito de espancá-las. Não temos direito algum a conservar nosso domínio pela força. Os fins não justificam mais os meios!

De fato, as elites dirigentes e seus servidores armados distinguiram-se pela falta de disposição para defender as coisas em que por tanto tempo afirmaram acreditar, e pela pressa quase indecente para abraçar o que por tanto tempo haviam denunciado como "capitalismo" e "democracia burguesa". Por toda a Europa do Leste ouviu-se o discreto rumor das casacas sendo viradas: um dia denunciavam Wałęsa, no dia seguinte o aplaudiam; um dia abraçavam Honecker, no seguinte o punham na cadeia; um dia vituperavam Havel, no outro o elegiam presidente.

O ano de 1848 foi chamado de Primavera das Nações ou de Primavera dos Povos: a *Völkerfruhling, wiosna ludów*. Os revolucionários, em todas as terras, falaram em nome do "povo". Mas a solidariedade internacional do "povo" foi rompida pelo conflito entre as nações, velhas e novas, ao mesmo tempo em que a solidariedade interna do "povo" foi rompida pelo conflito entre os grupos sociais — que ficaram conhecidos como "classes". "O socialismo e o nacionalismo, como forças de massas, são produtos de 1848", escreve A. J. P. Taylor. E por um século após 1848, até o congelamento comunista, a Europa Central foi um campo de batalha de nações e classes.

E 1989, foi a primavera de que, ou de quem? Do "povo"? Mas em que sentido? "*Wir sind das Volk*", diziam as primeiras grandes multidões na Alemanha Oriental: nós somos o povo. Mas em poucas semanas elas estavam dizendo "*Wir sind EIN Volk*": somos uma nação. Na Polônia, na Hungria, na Tchecoslováquia, na Romênia, as multidões formavam um mar de bandeiras nacionais, e as pessoas alçavam a voz para cantar velhos hinos nacionais. Na Hungria e na Romênia, elas arrancaram o símbolo comunista do centro das suas bandeiras. Na Alemanha Oriental, em um primeiro momento, não houve nem bandeiras nem hinos. Pouco a pouco, porém, as bandeiras foram aparecendo, simples listras vermelhas, negras e douradas sem o martelo e o compasso da RDA no meio: a bandeira da Alemanha Ocidental — e antes disso, da Alemanha unida.

Em todos os comentários dos jornais ocidentais sobre o Leste europeu lê-se agora, invariavelmente, que existe um grave perigo de que uma coisa chamada "nacionalismo" ressurja na região. Mas que diabos quer isso dizer? Será que quer dizer que as pessoas voltaram a ter orgulho por serem tchecas, polonesas, húngaras ou, quanto a isso, alemãs? Que os corações se aceleram com a visão da bandeira e que as gargantas se apertam quando se canta o hino nacional?

Patriotismo não é nacionalismo. A redescoberta do orgulho pela própria nação não implica necessariamente hostilidade por outras nações. Todos esses movimentos foram, sem exceção, patrióticos. Nem todos foram nacionalistas. Na verdade, em seus primeiros passos, a maior parte dos novos regimes foi marcadamente menos nacionalista que seus predecessores comunistas. O governo Mazowiecki, na Polônia, adotou uma abordagem decisivamente mais liberal e iluminada em relação às questões judia e alemã que qualquer outro governo anterior, chegando até a ser objeto de crítica, na questão alemã, por parte dos nacionalistas-comunistas. Em sua primeira declaração pública como presidente, Václav Havel fez questão de agradecer a "todos os tchecos, eslovacos e outras nacionalidades". Sua declaração anterior de que a Tchecoslováquia deve desculpas aos alemães pela expulsão, após a guerra, dos alemães dos Sudetos foi ferozmente criticada — pelos comunistas. Na Romênia, a revolução começou com os habitantes de etnia romena de Timisoara fazendo causa comum com seus concidadãos de etnia húngara. Seria necessário um esforço enorme para que o tratamento das minorias alemã e húngara na Romênia pós-revolucionária fosse pior que no regime de Nicolae Ceauşescu.

É claro que há exemplos contrários. Um dos aspectos mais desagradáveis da revolução alemã foram os excessos de apoio popular a uma campanha lançada pelo Partido e pelo governo contra os "contrabandistas e especuladores" poloneses, e os maus tratos aos estudantes negros e *Gast-*

arbeiter vietnamitas. Na política de oposição húngara, a feroz luta interna entre o Fórum Democrático Húngaro e os Democratas Livres não deixava de ter alguma motivação étnica, com alguns Democratas Livres questionando a "hungarice" de alguns membros do Fórum, que respondiam com acusações de anti-semitismo. Milhares de búlgaros protestaram publicamente contra a concessão de direitos à minoria turco-muçulmana por parte do novo governo.

Se olharmos um pouco mais adiante, é óbvio que há conflitos potenciais a respeito de outras minorias remanescentes, principalmente os húngaros na Romênia, os romenos na União Soviética (Moldávia), os alemães na Polônia, na Romênia e na União Soviética e os ciganos em vários países. Há o potencial emprego político do anti-semitismo. Há a dificuldade para se encontrar uma combinação de Tcheco e Eslováquia plenamente satisfatória tanto para tchecos quanto para eslovacos. E há também as questões fronteiriças pendentes, principalmente a da fronteira polonesa-alemã pós-1945 ao longo da linha Oder—Neisse.

No entanto, comparada com a Europa Central de 1848 ou de 1918-19, trata-se de uma lista relativamente curta. A maior parte das nações têm Estados, e estão acostumadas às suas novas fronteiras. Etnicamente, o mapa está muito mais homogêneo do que em 1848 ou 1918: tal como observou Ernest Gellner, trata-se agora de uma pintura de Modigliani, em vez de uma de Kokoschka. (Os artistas principais foram, é claro, Hitler e Stalin: os pincéis que eles usaram foram a guerra, a deportação e o assassinato em massa.) Conflitos étnicos e nacionais podem surgir novamente entre esses Estados e no interior deles, como ocorreu na Europa Oriental antes da guerra, especialmente se a situação econômica se deteriorar. Ou então esses conflitos étnicos e nacionais podem ser progressivamente aliviados, como ocorreu na Europa Ocidental depois da guerra, especialmente se a situação econômica desses países melhorar em um processo de integração à Comunidade e ao Mercado Comum europeus mais amplos. Veremos. Mas os registros históricos devem mostrar que 1989 não foi um ano de agudo conflito nacional e étnico na Europa do Leste a oeste da fronteira soviética. Muito pelo contrário: foi um ano de solidariedade, tanto no interior das nações como entre elas. No fim do ano, uma ajuda simbólica e humanitária para o(s) povo(s) da Romênia veio de todos os Estados autolibertados da Europa Central do Leste. Uma primavera das nações não é, *necessariamente*, uma primavera do "nacionalismo".

De qualquer modo, o mais notável não foi a linguagem da nacionalidade. Isso era perfeitamente previsível. O notável foram outras idéias e palavras que disputaram, por assim dizer, o primeiro lugar nas paradas de sucesso. Uma delas foi "sociedade". Na Polônia, um país amiúde estigmatizado como "nacionalista", a palavra mais usada para descrever o povo, no sentido de oposto às autoridades, não foi "nação"; foi *społeczeństwo*, sociedade. Na Tchecoslováquia, a palavra "sociedade" foi usada de modo semelhante, embora com menor freqüência, e neste caso não podia ser simplesmente um sinônimo ou um eufemismo para "nação", posto que abrangia duas nações. Em ambos os casos, era tão significativo falar de autodeterminação social quanto de autodeterminação nacional. Por toda a parte sublinhou-se a unidade consciente entre intelectuais, trabalhadores e camponeses. É evidente que, em parte, essa unidade era devida a um inimigo comum. Quando o poder comunista foi dissolvido, e a verdadeira política parlamentar começou, os interesses sociais em conflito articularamse poderosamente. Desse modo, provavelmente o grupo mais definido e firme do novo Parlamento polonês não seja formado pelos comunistas ou pelo Solidariedade, mas pelos pequenos proprietários fundiários de todos os partidos, que se combinavam e conspiravam para fazer avançar seus interesses setoriais.

Apesar disso, as divisões sociais não chegavam nem perto de serem tão profundas quanto no século XIX ou no início do século XX, e não solaparam as revoluções. Há nisso uma ironia histórica, pois em ampla medida o comunismo criou a unidade social que contribuiu para o fim do comunismo. A combinação de nivelamento deliberado com absurdos não-intencionais resultou em uma distribuição da riqueza pela maior parte da sociedade que se revelou mais desordenada que igualitária. Um professor ganhava menos que um mineiro, um engenheiro menos que um agricultor. Um encanador com alguns dólares ou marcos alemães vivia melhor que um príncipe sem moeda forte. O operário vivia na mesma casa que o médico, o engenheiro ou o escritor, e a planta dos apartamentos deles era quase certamente idêntica, mesmo que a decoração variasse. Ao mesmo tempo, todos estavam unidos pela consciência da grande divisão entre a classe superior/dirigente comunista, a *nomenklatura*, e todo o resto. Em todos esses países, esta última era o que se chamava de "eles": *oni* (palavra que ficou famosa com o livro de entrevista com stalinistas poloneses de Teresa Torańska), os *Bonzen*. "Eles" eram identificados por suas roupas, por seus carros com cortinas negras, por seus hospitais e suas lojas especiais, por sua linguagem e comportamento. Quando foi pedido à densa multidão em Praga que abrisse passagem para uma ambulância, ela o fez gritando, "Não somos como eles! Não somos como eles!".

Ao mesmo tempo, era extraordinariamente alto o nível de consciência política popular. Mais uma vez, isso foi em parte resultado do sistema. Todos tinham pelo menos uma educação básica, e desde os primeiros anos essa educação era altamente politizada. Muita gente reagia a essa politização com um recuo obstinado para a vida privada, e um apoliticismo quase programático. Contudo, devido à politização da educação e à onipresença da ideologia, ninguém podia ter qualquer dúvida de que as palavras e as idéias tinham importância, e conseqüências reais para a vida de todos os dias.

Um conceito que desempenhou um papel central no pensamento de oposição na década de 80 foi o de "sociedade civil". O ano de 1989 foi a primavera de sociedades que aspiravam a ser civis. As noções rudimentares dos homens e mulheres comuns sobre o que significava construir uma sociedade civil poderiam não satisfazer o cientista político. Mas tais noções estavam presentes, e continham diversas exigências básicas. Deveria haver formas de associação nacional, regional, local e profissional que fossem voluntárias, autênticas, democráticas e, acima de tudo, não fossem controladas ou manipuladas pelo Partido ou pelo Estado-Partido. As pessoas deveriam ser "civilizadas", isto é, polidas, tolerantes e principalmente não-violentas. Civilizadas e civis. A idéia de cidadania deveria ser levada a sério.

O comunismo conseguiu envenenar muitas palavras da corrente principal da história européia — entre elas, e não menos importante que as demais, a palavra "socialismo", tal como este livro indicou diversas vezes. Mas, de algum modo, não conseguiu envenenar as palavras "cidadão" e "cívico", embora também as usasse de maneira pervertida. Por exemplo, nos apelos à "responsabilidade cívica", que queriam dizer: "Fiquem quietos e deixem-nos lidar com esses estudantes desordeiros". Por que motivo o comunismo não conseguiu envenenar tais palavras é uma questão interessante — para a qual não tenho nenhuma resposta pronta — mas o fato é que, quando os parlamentares do Solidariedade resolveram dar um nome à sua bancada, chamaram-na de Clube Parlamentar dos *Cidadãos*; o movimento tchecoslovaco chamou a si mesmo de Fórum *Cívico*, e os grupos de oposição da Alemanha Oriental começaram descrevendo-se como *Bürgerinitiativen*, ou seja, iniciativas dos cidadãos, ou cívicas. (No caso da Alemanha Oriental, o termo foi provavelmente importado da Alemanha Ocidental, mas mesmo assim resta o fato de eles terem escolhido este e não outro termo.) E a linguagem da cidadania foi importante em todas essas revoluções. As pessoas estavam fartas de serem meros componentes de uma sociedade deliberadamente atomizada: elas queriam ser cidadãos, homens e mulheres individuais com dignidade e responsabilidade, com direitos, mas também com deveres, associando-se livremente na sociedade civil.

Há um último ponto sobre a autodescrição da revolução que talvez mereça uma breve menção. Tal como observou Ralf Dahrendorf, Karl Marx jogou com a ambigüidade da expressão alemã *bürgerliche Gesellschaft*, que tanto podia ser traduzida como sociedade civil quanto como sociedade burguesa. Marx, diz Dahrendorf, nivelou deliberadamente as duas "cidades" da modernidade, os frutos das Revoluções Industrial e Francesa, o burguês e o cidadão. Lembrei-me dessa observação quando um orador, numa das manifestações em Leipzig, fez um apelo à solidariedade para com o *bürgerliche Bewegung* na Tchecoslováquia. O movimento burguês! Mas, refletindo sobre isso, parece-me haver uma verdade mais profunda nessa aparente impropriedade. Pois o que a maior parte dos movimentos de oposição por toda a Europa Central e grande parte do "povo" que os apóia está realmente dizendo é: Sim, Marx tem razão, as duas coisas estão intimamente ligadas — e nós queremos as duas! Direitos civis e direitos de propriedade, liberdade econômica e liberdade política, independência financeira e independência intelectual, cada um desses termos apóia o outro. De maneira que, sim, queremos ser cidadãos, mas queremos também ser de classe média, no mesmo sentido que a maioria dos cidadãos da metade mais afortunada da Europa é de classe média. Queremos ser *Bürger* E *bürgerlich*! Tom Paine, mas também Thomas Mann.

De modo que foi uma primavera das nações, mas não necessariamente do nacionalismo; das sociedades, aspirando a serem civis; e, acima de tudo, dos cidadãos.

A primavera dos cidadãos já mudou a face da Europa. O que parecia apenas possível no início de 1989 parecia certo no início de 1990. Haveria uma nova Europa, para a qual o termo "Yalta" não seria mais uma abreviação apropriada. Esta Europa teria um lugar diferente para os países outrora descritos como europeus orientais e, pelo menos, para uma Alemanha menos dividida.

Devido à combinação de forças de reação internas e externas, 1848 acabou mal; mas as externas foram decisivas. Nenhuma força de reação externa comparável estava à vista no início de 1990. Os prussianos estavam fazendo sua própria revolução, em vez de estarem esmagando as dos vizinhos. Os austríacos não estavam reprimindo a reforma-revolução húngara, mas ajudando-a. E os russos? Nesse caso, a transformação foi milagrosa, a tal ponto que funcionários de alto escalão americanos e ingleses chegaram a dar indícios de que poderiam até mesmo ver com bons olhos uma intervenção militar soviética para esmagar os esquadrões da morte da Securitate na Romênia. Mas não, para a Polônia, bem como para a Tchecoslováquia, para a Hungria, para a Polônia e para a Bulgária, os líderes e os comentaristas soviéticos, de Gorbachov para baixo, assumiram uma expressão inocente e disseram que jamais sonhariam em interferir nos assuntos internos de outro Estado soberano.

Mas o movimento popular pela autodeterminação nacional e social não parou recatadamente na fronteira ocidental da União Soviética. O que aconteceu no Leste europeu encorajou diretamente os Estados bálticos, para não mencionar os romenos da Moldávia soviética. E se a terra política começar a tremer na Ucrânia? No início de 1990, portanto, era possível imaginar algum tipo de reação ou retrocesso no interior da União Soviética. Mas parecia razoável duvidar que até mesmo uma liderança militar-conservadora em Moscou tentaria usar a força armada para restaurar os domínios russos a oeste das fronteiras soviéticas de 1945. Será que eles já não estão suficientemente atarefados tentando conservar o império nos limites das fronteiras soviéticas do pós-guerra? Logicamente, se eles invadissem um país da Europa Oriental, teriam que invadir todos. E depois, o que é que eles "restaurariam"? Os bonecos estraçalhados que eram os partidos comunistas da Europa Oriental de ontem? Obviamente, um retrocesso na União Soviética tornaria a vida muito menos confortável na nova Europa, e afetaria diretamente o desenrolar dos acontecimentos em uma Alemanha ainda parcialmente ocupada por tropas soviéticas. Mas não bastaria, por si mesmo, para fazer o mapa voltar a ser o que era antes de 1989.

Há incontáveis questões a serem colocadas sobre a nova Europa, das quais a mais obviamente urgente é: como o Ocidente pode ajudar a transição dos ex-países comunistas para democracias liberais? Eu me coloco uma questão menos óbvia: não "Como podemos ajudá-los?", mas "Como eles podem nos ajudar?". Com o que esses quase 100 milhões de europeus, com seus quarenta anos de dura experiência, podem contribuir para a nova Europa e para nós no Ocidente, se é que podem contribuir com alguma coisa? Os tchecos ficaram encantados por mostrar que 89 é 68 de cabeça para baixo. Mas uma das diferenças notáveis entre 68 e 89 foi a ausência comparativa de intelectuais ocidentais descobrindo, nessas regiões exóticas, novas utopias, "socialismo com rosto humano" e a Terceira Via das fábulas.

É evidente que há todo um caleidoscópio de novos partidos, programas e correntes, e seria pouco menos que uma impudência resumir tudo em uma "mensagem". Mas, se olharmos para aquilo que esses diversos partidos estão realmente dizendo sobre as questões básicas da política, da economia, do direito e das relações internacionais, veremos que há um notável consenso subjacente. Em política, estão dizendo: não há "democracia socialista", há apenas democracia. E por democracia eles entendem a democracia multipartidária e parlamentar, tal como é praticada hoje no Oeste, no Norte e no Sul da Europa. Estão todos dizendo: não há "legalidade socialista", há apenas legalidade. E com isso eles querem dizer o domínio da lei, garantida pela independência do Judiciário ancorada na Constituição. Estão todos dizendo, e para a esquerda talvez esta seja a afirmação mais importante: não há "economia socialista", há apenas economia. E economia não quer dizer uma economia de mercado socialista, mas uma economia de mercado social. Não Ota Šik, mas Ludwig Erhard. É claro que nesses países existem graves diferenças entre, por exemplo, friedmanistas e hayekistas. Pode-se até ouvir uma ou outra palavra gentil a respeito de Keynes. Mas a direção geral está absolutamente clara: para uma economia cujo impulso básico de crescimento é o mercado, com ampla propriedade privada dos meios de produção, distribuição e intercâmbio. A transição para um sistema assim coloca problemas singulares, para os quais terão de ser encontradas soluções originais. Na maior parte desses países existe ainda um apoio generalizado a uma distribuição relativamente igualitária da riqueza assim criada, e a um *welfare state* forte. Mas o modelo básico, nos três aspectos essenciais da política, do direito e da economia, é algo que está entre a Suíça real existente e a Suécia real existente.

A Suécia — ou, tal como um importante economista soviético sublinhou cuidadosamente, a Suécia *do sul* — parece agora ser o ideal aceito por virtualmente todos aqueles que se consideram socialistas, de Berlim a Vladivostok. Mas se Marx voltasse à terra, será que ele não descreveria o modo de produção dominante na Suécia como capitalista? Em outras palavras, o debate fundamental da esquerda parece não ser mais sobre a melhor maneira de produzir riquezas, mas apenas sobre a melhor maneira de distribuí-las. (A crítica mais fundamentada das formas bem-sucedidas de produção é feita pelos Verdes, mais do que pelos socialistas.)

Por razões puramente práticas e históricas, o Estado terá claramente um papel mais importante na maior parte dos antigos países europeus orientais do que na maioria dos países europeus ocidentais nos próximos anos. Mas isso não significa necessariamente que as pessoas assim o queiram. Ao contrário, por terem tido tanta interferência estatal por tanto tempo, elas podem decidir que a querem tão pouco quanto seja possível. As pesquisas de opinião pública e os levantamentos sociológicos não são de muita utilidade neste caso, visto que a maioria das pessoas apenas começou a pensar sobre essas questões, para não falar em confrontá-las na dura realidade da transição econômica. *The proof of the pudding will be in the eating* [Para saber se o pudim ficou bom, só experimentando]. Entre os intelectuais que começaram a enfrentar essas questões existe, parece-me, antes um perigo oposto: o de considerar o mercado livre como uma cura para todos os males — sociais, políticos e também econômicos. Daí a popularidade de Hayek. Pode-se quase dizer que o mercado livre é a mais recente das utopias da Europa Central.

É fácil, agora, esquecer que o comunismo afirmava ter encontrado não só novas e melhores formas de política, direito e economia, mas também uma maneira nova e melhor de organizar as relações entre os Estados. Esta nova maneira, chamada de "internacionalismo socialista", foi contraposta ao "nacionalismo burguês". O que vimos na prática foi a ascensão do nacionalismo socialista e do internacionalismo burguês. Há muitos exemplos de internacionalismo burguês — G7, OECD, FMI, OTAN, GATT — mas, na perspectiva da história européia, o mais dramático é a Comunidade Européia. Existem agora propostas, numerosas demais até para serem enumeradas, para novas formas de relações entre Estados na ex-Europa Oriental. Para dar apenas um exemplo, importantes políticos poloneses reviveram a idéia de uma confederação da Polônia e da Tchecoslováquia. Mas, se for perguntado qual é o modelo subjacente para as novas relações entre esses Estados, e para a resolução dos seus conflitos nacionais, étnicos e econômicos remanescentes, a resposta será clara. O modelo é a Comunidade Européia.

Isso não só significa que eles gostariam de se juntar à atual Comunidade Européia, tão plena e rapidamente quanto possível. Significa também que eles têm esperanças de que seus conflitos históricos pendentes possam ser resolvidos do mesmo modo que o foram, digamos, aqueles entre a França e a Alemanha. Isso vale, parece-me, até mesmo para aqueles grupos que não reconheceriam explicitamente como modelo a Comunidade Européia. Seria com certeza preciso procurar bastante na Europa Ocidental para encontrar "europeus" tão entusiastas — ou seja, partidários de uma comunidade supranacional chamada Europa — como os que podem ser encontrados em qualquer esquina da Europa Oriental. Viajando para lá e para cá entre as duas metades do continente dividido, pensei algumas vezes que a divisão real é entre aqueles (no Ocidente) que têm a Europa e aqueles (no Leste) que acreditam nela. E por toda a parte, em todos os países, a expressão que as pessoas usam para resumir o que está acontecendo é "o retorno à Europa".

Mas o que é, para repetir a questão, que esses entusiastas podem trazer para a nova Europa? Se eu estiver correto em minha análise básica, eles não podem oferecer nenhuma idéia fundamentalmente nova sobre as grandes questões da política, da economia, do direito ou das relações internacionais. As idéias cuja hora chegou são idéias velhas, conhecidas, experimentadas. (A hora que passou é a das idéias novas.) De modo que tudo o que eles têm a nos oferecer são seus problemas, singulares, teoricamente intrigantes, mas na prática incômodos? Será que eles estão batendo à nossa porta como mendigos, trazendo apenas crônicas de tempo desperdiçado? Ou será que eles podem ter, sob seus casacos puídos, alguns tesouros ocultos?

Viajando por essa região na última década, encontrei alguns tesouros: exemplos de grande coragem moral e integridade intelectual; companheirismo, amizade profunda, vida familiar; tempo e espaço para a conversa, música e literatura sérias, sem a perturbação do perpétuo ruído do nosso mundo movido pela mídia e obsessivamente telecomunicativo; comunhão cristã na sua forma mais original e pura; mais amplamente, a qualidade do relacionamento entre homens e mulheres de formação muito variada, e de fés outrora implacavelmente opostas — um etos de solidariedade. Nesse ponto, o perigo da idealização sentimental é agudo, pois o visitante privilegiado desfruta desses benefícios sem ter que arcar com seus custos. Não há dúvida de que, por qualquer avaliação quantitativa ou utilitária, os custos foram muito mais elevados que os benefícios. Mas seria um erro ainda maior pretender que esses tesouros não foram reais, pois foram. E para mim a questão suprema após 1989 é: Será que alguma dessas boas coisas sobreviverá à libertação? Terá sido a comunidade *só* uma comunidade de destinos, uma *Schicksalsgemeinschaft*? Terão sido *apenas* esses os usos da adversidade?

Mesmo que não haja retrocesso na União Soviética, nenhuma reação violenta ou reviravolta antiliberal neste ou naquele país europeu oriental, será que esses tesouros não serão simplesmente varridos na corrida — perfeitamente compreensível — pela afluência? Tal como observou, contrariado, um amigo húngaro: "Sobrevivi a quarenta anos de comunismo, mas não sei se sobreviverei a um ano de capitalismo". E isso não será devido apenas ao impacto atomizador do consumismo avançado, uma das armas mais poderosas conhecidas pelo homem. Será devido ao impacto ainda mais duro e traumático da tentativa de transição de uma economia planificada para uma economia de mercado, com todos os concomitantes golpes do desemprego, do deslocamento e da injustiça.

O raciocínio tendencioso não ajuda a ninguém. Infelizmente, pode-se pintar, com um grau bastante alto de plausibilidade analítica, um quadro bem sombrio das perspectivas para os países da ex-Europa Oriental nos anos 90: uma perspectiva em que o futuro pós-comunista é notavelmente parecido ao passado pré-comunista, menos Europa Central que *Zwischeneuropa*, uma zona intermediária dependente constituída por Estados fracos, preconceitos nacionais, desigualdade, pobreza e *Schlamassel*. O ano de 1989 poderia então surgir, aos participantes e aos historiadores, como um breve momento brilhante entre os sofrimentos de ontem e os de amanhã.

Tal destino não é inevitável. Se pode ou não ser evitado depende, em um grau muito significativo, do comprometimento e da engenhosidade do Ocidente em geral, da Europa Ocidental em particular, e acima de tudo da Alemanha Ocidental — ou antes, para colocar as coisas em termos mais apropriados para a nova Europa, de uma Alemanha que continue Ocidental.

Mas mesmo que se tornasse real a perspectiva mais sombria, algo ficaria, pelo menos na memória, na cultura, no espírito. Pelo menos, os europeus do lado de lá nos teriam oferecido, com uma firmeza e uma clareza nascidas da dura experiência, uma reafirmação do valor daquilo que já temos, de velhas verdades e modelos experimentados, dos três fundamentos da democracia liberal e da Comunidade Européia como o único lar europeu comum realmente existente. Intelectualmente e, ouso dizer, espiritualmente, "1989" no Leste europeu é um complemento vital para "1992" na Europa Ocidental.

"*Litwo! Ojczyzno moja! ty jesteś jak zdrowie*", é o primeiro verso do mais famoso dos poemas poloneses, o "Pan Tadeusz" de Adam Mickiewicz:

Lituânia, pátria minha, és como a saúde!
Quanto valor te devemos, só aprende
Quem te perdeu.

Se pusermos, no lugar de "Lituânia", a palavra "Europa", teremos a mais profunda lição de 1989, esse ano de prodígios.

AGRADECIMENTOS

Neste livro, agradeço em especial a Bill Buford, Tim Adams e Angus MacKinnon na Granta Books; Robert Silvers e o *New York Review*; Charles Moore e o *Spectator*; George Schöpflin e Rudolf Tőkés sobre a Hungria; Ralf Dahrendorf e colegas de St Antony's.

ESTA OBRA FOI COMPOSTA PELA FORMA COMPOSIÇÕES GRÁFICAS EM ENGLISH TIMES E IMPRESSA PELA GRÁFICA EDITORA BISORDI EM OFF-SET PARA A EDITORA SCHWARCZ EM JULHO DE 1990.